「誰のため?」「何のため?」から考えよう

GE流・問題解決の技術
「ファンクショナル・アプローチ」のすすめ

横田尚哉

ディスカヴァー
携書
196

本書は2008年7月に小社より刊行された『ワンランク上の問題解決の技術《実践編》』を改題し、新書判に再編集したものです。

まえがき

「逆転さよならホームラン！」

あなたは、追い込まれて窮地に立たされたときに、あっと驚く決定打を放つことができますか。それとも、空振りか凡打で終わってしまうのでしょうか。

問題に直面したときに問われるのが、あなたの問題に対する視点です。正しい視点を持つ者だけが、ワンランク上の解決を手にすることができます。もし、この視点を持つことができなければ、問題が「さよなら」するどころか、問題とともにあなたが「さよなら」しなければならないかもしれません。

ビジネスで成功するためには、ここぞというときに、状況を正しく見ることのできる「分析力」と、最適解を確実に実現できる「実行力」が必要です。ただがむしゃらにバットを振りまわしているばかりでは、ホームランどころかヒットすら打てないでしょう。
あなたには、向かってくる球が見えていますか？

世の中のあらゆる製品、サービス、ビジネス、組織などには、必ずファンクション（機能）があります。必ずです。このファンクションを見抜く力が身につけば、状況を正しく分析できます。分析力があれば、それまでの常識を逆転させることができるのです。必要だと思っていたものが、本当は不必要であることに気がつくでしょう。

あなたは、本当に必要なものを追いかけるべきです。いずれ不必要になるようなものを追いかけていてはいけません。

私は、公共事業の設計にずっと携わってきた、一介の建設コンサルタントです。必要なものを作り、必要でないものは作らない。ただひたすら、このことに努めてきました。

建設コンサルタントとは、公共事業を実施するにあたり構想段階でいろいろな情報や知恵を提供したり、施工のための準備作業を行ったりする職業です。公共事業イコール工事というイメージがあるかもしれませんが、工事に着手するまでの過程において、私たち建設コンサルタントがとても深く関わっているのです。

１９９７年４月４日、日本政府は「公共工事コスト縮減対策に関する行動指針」を策定しました。これは来るべき二十一世紀に備えて、限られた財源を有効に活用するために、全省庁をはじめ、地方公共団体も民間も含めて、一体となって取り組んでいくものとしてまとめられたものです。

私たち建設コンサルタントも、公共事業費を少しでも抑えるための知恵を絞ってきました。あらゆる可能性にチャレンジし、縮減できるところが少しでもあれば、それを徹底的に取り除いていったのです。

そんななかで私が出合ったのが、ファンクショナル・アプローチでした。この手法を活用することにより、見る見るコストを縮減することができました。もうコスト縮減ができないとされていた事業に対しても、いとも簡単に事業費を縮減することができました。しかも、「安かろう、悪かろう」ではない、本当の意味でのコスト縮減です。

「ファンクショナル・アプローチは、これからの公共事業には不可欠な手法だ」と確信した私は、国内や海外の事例を研究しました。そして日本の公共事業に適したオリジナルの技法を開発し、少しずつ事例を増やしていきました。**私が10年の間に扱った公共事業の総額は1兆円にのぼり、縮減提案したコスト縮減総額は、実に2000億円を超えました。**

2007年4月には、このことが社会的に評価され、橋梁新聞社から「2006年橋梁新聞賞」を頂くことができました。これは、これまで10年間でわずか8名にしか贈られていない名誉ある賞です。こうしたこともあり、今ではありがたいことに、その考え方と手法を求める全国の方々からの問い合わせが倍増しています。講演、研修、教育訓練、システムの導入、事業コストの削減、事業の改善、問題解決など、6カ月先まで予定がつまるほどの注目を集めています。

どうして、私がこれだけの改善を導くことができたのでしょうか？

たった一人の若い建設コンサルタントが、どうやって日本の公共事業に大きな影響を与えることができたのでしょうか？

それは、ファンクショナル・アプローチの原理を理解したからです。問題解決にその原理を活用したからです。**ファンクショナル・アプローチの原理を使えば、問題を見る視点が変わります。**問題に対する意識が変わります。

この原理は、国家プロジェクトであろうとも、ビジネスであろうとも、日常の生活の中であろうとも、すべて同じです。変わらない原理です。

本書は、「私はこうして問題を解決した」といった成功事例を集めた本ではありません。強烈な効果を引き出す改善の極意を、あなたの問題解決に使っていただくために、あえて簡単にし、原理をわかりやすくお伝えするものです。

ですから、あなたの問題にも当てはめることができます。今すぐ、使っていただくことができるのです。そして、ワンランク上の問題解決を目指していただきたいのです。

GE社で生まれながら技術の分野に埋もれていた

ファンクショナル・アプローチという手法が生まれたのは、1947年、今から60年以上も前のGE社（ゼネラル・エレクトリック社）でのことです。これほどの歴史を持っていながら、昨今のビジネス界ではほとんど知られていません。名前くらいは知っていたとしても、その効果を引き出す原理まで知っている人は少ないでしょう。

なぜ意外と知られていないかというと、それには理由があります。活用の場面が技術の分野中心だったからです。

このすごい改善技術は、もともと生産活動の管理技術として生まれました。GE社の発表後まもなく、フォード自動車ほか多くの企業でも使われるなど、その有効性が広く認められるようになりました。さらには米国国防省でも正式に採用されたこともあり、米国では一気に広がっていきます。この技術が、VE（バリュー・エンジニアリング＝価値工学）と呼ばれるものです。

1960年には日本に伝わり、自動車業界や電機業界といった製造業を中心に広まりました。その結果、世界的な企業に発展しました。今でも、トヨタ、日産、いすゞ、日立、東芝、三菱、キヤノン、シャープ、ブラザー、ニコン、松下電器、デンソー、日本電気、オムロン、鹿島建設、大成建設、清水建設、川崎重工業、東日本旅客鉄道、西日本旅客鉄道など主要な企業がその経営に役立てています。

VEの思考はこのように、おもに技術の世界で、「画期的な問題解決の技法」「価値向上のための管理技術」として広まりました。そして「品質機能展開」「リ・エンジニアリング」

「ブレーク・スルー思考」「コンカレント・エンジニアリング」「ベンチマーキング」といった新たな管理技術に影響を与えたり、それらと融合したりしながら、現在に至っています。今日、ＶＥは、ＩＥ（生産工学）、ＱＣ（品質管理）と並ぶ、二十世紀の三大管理技術といわれています。

問題に対する「視点」と「意識」を変える

これからの時代を考えると、世の中にはより複雑で難解な問題が増えていくことでしょう。あなたは、それらを一つひとつ解決していかなければなりません。

もしかすると今現在も、「解決しなければならない課題」を抱えながら、その手段が見つからずに困っているかもしれません。だとしたら、ぜひファンクショナル・アプローチを試してみてください。きっと、あなたの問題に対する視点と意識が変わることでしょう。

アルバート・アインシュタインは、問題を解決することに関して、次のような言葉を残しています。

「いかなる問題も、それをつくりだした同じ意識によって解決することはできない」

あなたが、もし今、問題に直面しているとしたら、そしてそれを解決できないままでいるとしたら、それは問題に対して同じ意識・同じ視点で見ているからです。

本書には、問題解決のためのものの見方、とらえ方の原理が書いてあります。その原理をあなたに知っていただくためです。技術の世界のテクニックを、原理の大切な部分だけを抜き出し、身近な事例を使ってまとめました。

あなたに、この本がきっと役に立つことでしょう。

それでは、あなたの問題解決スキルを向上させるヒントを、さっそく見ていきましょう。

著者

「誰のため？」「何のため？」から考えよう◎もくじ

第4章 実践ファンクショナル・アプローチ［ステップ3 創造］

第1章

問題に対する「視点」と「意識」を変える

1 解決のカギは「問題の認識」と「改善点の特定」

問題解決5つのフェーズ「I・S・S・U・E」

これまで、問題解決のための方法論は数多く存在してきました。それぞれに考え方があり、テクニックがあり、進め方があります。

しかし、どの方法論にも、実は共通のフェーズがあります。あなたがこれまで解決してきた問題も、実は**図1－1**にあるような5つのフェーズに分解して考えることができるはずです。これらの頭文字から、私は因数分解ならぬ「ISSUE分解」と呼んでいます。

この5つのフェーズがすべて実行されることによって、初めて問題が解決したことになります。どこかのフェーズが実行されなかったり、不十分だったりしたら、問題は解決さ

図1-1｜問題解決5つのフェーズ「I・S・S・U・E」

フェーズ1　問題の認識（Identification）
フェーズ2　改善点の特定（Specification）
フェーズ3　解決手段の選択（Selection）
フェーズ4　解決手段の適用（Utilization）
フェーズ5　改善効果の評価（Evaluation）

れたとはいえません。

たとえば、解決手段を知っているからといっても、それを適用していなければ意味がありません。また、解決手段を適用したとしても、その効果を評価できなければ、改善できたとはいえません。5つのフェーズのいずれも欠かすことはできないのです。

この5つのうち、特に重要なのは、「①問題の認識」と「②改善点の特定」です。この2つのフェーズは、問題解決の方向性を決定づけるとともに、改善成果の80％がここにかかっているといっても過言ではありません。

「問題の認識」と「改善点の特定」は、ルールやマニュアルに従いさえすれば機械的に達成できるというものではありません。新しい視点を持ち、意識を変えることによって、はじめて実現されるといっていいでしょう。そこに、ファンクショナル・アプローチの原理が活かせるのです。

問題をいかに認識するか

「問題の認識」とは、言いかえれば「問題があることに気づくこと」です。問題が起こっていることに気がつかず、いつのまにか、解決できないくらいに問題が肥大化している――そんなことになってはいけません。

問題を認識するには、次の3種類の方法があります。

①短期的に現れる変化から問題を知る
②わずかに現れている兆候から問題を見つける
③事前に問題の発生を察する

「短期的に現れる変化から問題を知る」とは、たとえば、昨日までなんともなかったのに、今日になって急にお腹が痛い……といったものです。普通の人は、この段階になって初めて問題に気づきます。

この問題認識法の欠点は、この段階では問題が深刻になっていて、すでに解決が困難になっている場合が多いということです。

深刻な事態になる前の「わずかに現れている兆候から問題を見つける」ためには、日頃より問題に対する感度を高めるとともに、新たな視点を持っておく必要があります。新たな視点とは、現象にとらわれずに本質を捉えることのできる視点です。本書では、その本質のことを「ファンクション（機能、目的、効用、意図）」と呼びます。**ファンクショナルな視点を身につけることで、問題を早期に発見できるようになります。**

「事前に問題の発生を察する」方法については、本書では触れていません。なぜなら、高度な管理システムが必要となってくるからです。実際のところ公共事業では、この方法を組織的に取り入れることで、さらなる効果を上げていますが、まずは「わずかに現れている兆候から問題を見つける」方法を身につけていきましょう。

どの部分を改善すべきか

次に「改善点の特定」とは、すなわち「問題を解決するために、どの部分を改めなければならないかを探り当てる」ということです。改善点とは、東洋医学でいう「ツボ」のようなものです。どこに刺激を与えれば肩こりが治るのか、ということです。いくらマッサージをしても、刺激する場所が違っていたら、肩こりはいつまでも治りません。巷にあふれる成功事例や新しいテクニックを試してみても効果が出ないのは、事例やテクニックに問題があるのではなく、改善点にヒットしていないだけなのです。

改善点を特定する方法は、次の2種類に大別できます。

- 手当たり次第に試してみて、改善点にたどり着くのを待つ
- 何かを手がかりに改善点を手繰り寄せる

前者は現実的ではありません。時間と労力とお金を相当投入することになるでしょう。一方で、後者は多くの人が行っているやり方です。さらに具体的には、問題が発生するまでのプロセスをひとつずつ確認する方法、問題が発生していないときと比較する方法、意識や視点を変えて改善点を浮かび上がらせる方法などがあります（71ページで詳しく説明します）。

2

問題解決がうまくいかない4つの理由

理由1　轍《わだち》に沿って進もうとしている

「人と同じことをしておけば、いいだろう」

「一度うまくいったやり方を繰り返しておけば、間違いはないはず」

私たちは、どうしてもそのように考えがちです。実際、それで仕事がうまくまわることも多いでしょう。しかし、いつまでもそんなことをしていると、**人はいつしか考えることを止め、自分でつくった轍《わだち》から抜けられなくなります。**

サム・ウォルター・フォスの「子牛の足跡」という詩は、まさにこのことをわかりやすく表現しています。

昔むかし、１匹の子牛が家路に向かうため、木の生い茂る森をはじめて歩きました。その歩いた後を、他の子牛もついて歩きました。子牛たちの足跡はクネクネしたものでした。

その後３００年が経ち、子牛はいなくなりました。でも、足跡はまだ残っていました。ある日、その足跡を１匹の犬が通りました。そして、羊の群れがその後に続きました。羊の群れは、いつもそこを通るようになりました。

その日から、この森には多くの人々が出入りするようになりました。彼らの多くは、クネクネと曲がりくねっているこの小路に不満を感じました。それも当然です。最初に歩いた子牛は、木の生い茂る中をよろめきながら通ったからです。でも人々は、その小路を歩きました。

この森の小路は、通路になりました。曲がりくねっているこの通路は、やがて荷物を遠くまで運ぶ馬が通る道路になりました。馬たちはそれから一世紀半もの間、子牛の足跡を踏みしめていきました。

道路は、やがて街道になりました。そしていつしか、交通量の多い有名な幹線道路になりました。それでも、二世紀半もの間、子牛の足跡を踏みしめていったのです。

毎日十万の人々は、ジグザグの子牛を追いかけました。そして国の道路交通は進んでいきました。十万もの人々は、三世紀近く昔に死んだ1匹の子牛によって導かれたのでした。そして今もまだ、曲がりくねった道を追いかけています。定着してしまった前例を守り通すために、毎日百年を無駄に費やします。

一度轍ができると、人は同じところを通りたがります。そのほうが、安全に、かつ容易に歩けるだろうと考えるからです。この考え方は、言いかえれば「観念的な判断」、つまり「固定観念」なのです。固定観念に流されると、轍はいっそう深く刻まれます。このような現象を、私は「轍理論」と呼んでいます。

このように、「たまたまとった行動」が、それを繰り返すうちに「習慣」となり、「その行動をとる方が良い」「その行動をとることが当たり前」のように感じてきます。やがて、「その行動をとらなければならない」と決めてしまい、「そのように行動できないことはいけないこと」と思うようになります。轍理論とは、「人の行動は偶然→習慣→当たり前→規律→拘束と変わっていく」ということであり、固定観念ができあがるプロセスを表しています。

固定概念ができあがる要因は、３つあります。

要因１　偶発的要因　「たまたまうまくいった」というだけで習慣化されるもの
要因２　体験的要因　「いつも自分がしていた」というだけで習慣化されるもの
要因３　前例的要因　「すでに誰かがしていた」というだけで習慣化されるもの

ひとたび固定観念ができあがると、もうそのことに関して、脳は思考を止めてしまいます。思考が止まると、改善を意識しなくなります。改善を意識しなくなると工夫ができなくなります。工夫ができなくなると変化できなくなります。

人は、脳が固定観念を自動的につくりあげているということすら気づかずに、その固定観念に沿った行動をとってしまうのです。

理由2　解決手段を一生懸命探している

多くの人は、問題解決の手だてを見つけようとして、問題の「外側」に意識を向けがちです。どこかにヒントはないか、誰かがアイデアを持っていないだろうかと、一生懸命に探しまわっているのです。

しかし、問題解決は、それだけでは不十分です。問題の「内側」へと目を向けていくことが必要です。なぜなら、そこには改善点があるからです。多くの人は、そのことに気がつかず、ひたすら問題の「外側」をぐるぐると歩きまわっているのです。

「改善点が内側にある」とは、どういうことでしょうか。

まず、問題解決の意味を確認しましょう。問題解決は、改善点と解決手段に分解することができます。式で表すと、「問題解決＝改善点×解決手段」となります（図1－2）。

改善点に関しては、何（What）を改善すればよいかを特定する必要があります。また解決手段に関しては、どのように（How to）すれば解決できるかを習得する必要があり

図1-2｜問題解決の概念式

問題解決 ＝ 改善点 × 解決手段

改善点　「何（What）」を改善するのか？

解決手段　「どのように（How to）」解決するのか？

ます。

改善点がわかっていても、問題は解決できません。解決手段がいくらあっても、問題は解決できません。**「何を」「どのように」改善すればいいのか。この両方がそろって、はじめて問題は解決されるのです。**

たとえば、仕事が予定どおり終わらないことが判明したときの問題解決例をみてみましょう。


「大変です。外注先に頼んでいた資料が、期限までに間に合わないそうです」

部下があわてて駆けこんできました。

「落ち着け。どういうことだ、もう少し詳しく説明してみろ」

「外注先のサーバがダウンし、データが全部吹っ飛びました。今からやり直しても来週までかかるそうです。あれほどバックアップをとるように言っておいたのに、やってなかったとは……。すぐに客先に連絡して、期限を延ばすよう交渉してもらえませんか？」

「なるほど。ところで、外注先は何人で作業するつもりだ」

「3人です。でも、その内の1人は経験が浅いので戦力になっていないと思います」

「それじゃ、期限を延ばすのではなく、別の外注先を手伝わせることにしよう。すぐに新しい外注先に連絡しろ」

「了解しました」

どうやら、問題は無事解決できたようです。

この部下と上司の違いは、どこにあるのでしょうか？　解決手段（How to）の違いでしょうか？　それとも、改善点（What）でしょうか？

部下は、改善点をじっくりと検討することなく、起こっている現象に対して、解決手段を考えました。そして「延ばす」という解決手段を思いついたのです。

これに対して上司は、改善点に焦点を当てました。どこを改善すれば、もっと効果的に問題解決ができるのかを考えたのです。その結果、「外注先の作業人数」が改善点であると見抜き、「増やす」という解決手段を選んだのです。

もし、部下の言うとおり期限を延ばす交渉を始めたら、客先や関係者に大きな影響を与えるばかりか、信用と信頼を損ねることになります。相当の努力をしないと挽回できない状況に陥っていたことでしょう。

解決手段ばかりを考えるのではなく、改善点に大きなヒントがあるのです。

さて、あなたが今抱えている問題を解決するためには、改善点と解決手段のどちらに焦点を当てているのでしょうか？　つまり、「何を改善すれば良いかわからない」状態なのか、「どのように解決すれば良いかわからない」状態なのか、どちらでしょうか？

解決手段は、自ら研究し開発することも可能ですが、多くは成功例や失敗例といった前例や事例、あるいはそれを知っている人物、組織、文献などにあります。**つまり、解決手段は、問題の「外」にあります。**

これらを手に入れるために、あなたは膨大な時間と費用をかけて一生懸命に努力していませんか？　幸運にも、適切な解決手段にめぐり合うことができるかもしれませんが、たいていの場合、そううまくは出合えないものです。

一方、改善点は、事例や前例から見つけることもできますが、それよりも、現状をよく観察し、調査分析や仮説検証することによって、少しずつ見えてくるものです。**つまり、改善点は問題の「内」にあります**（図1-3）。

図1-3｜解決手段より改善点に焦点を当てる

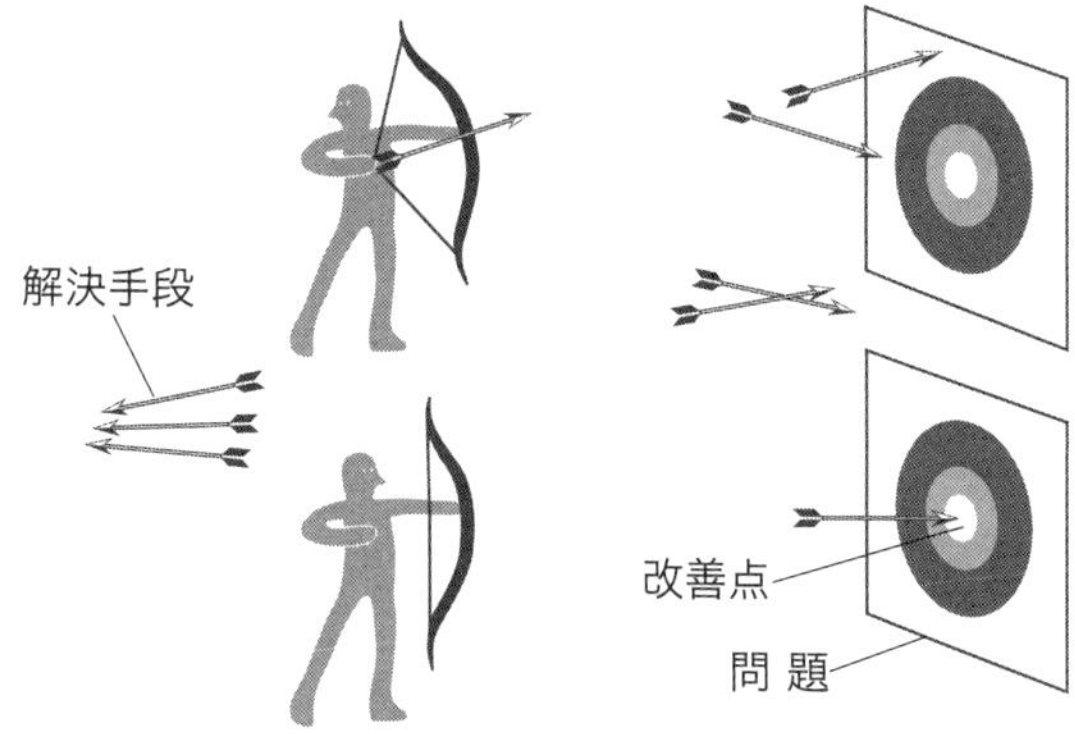

ワンランク上の問題解決をするためには、まず改善点に焦点を当てることです。問題の「外」に向かうのではなく「内」へ向かうことです。改善点を間違ってしまうと、「解決手段探し」の長い旅に出かけることになります。問題をよく観察し、十分な情報を収集して、適切な改善点を知ることが大切なのです。

理由3　潜在的改善点を探そうとしない

問題解決に行き詰まった人の多くは、このように言います。

「もう、これ以上どうにもならない」

ちょっと待ってください。本当に、どうに

もならないのでしょうか？　あなたは、ある範囲の中でしか考えていないのではないでしょうか？　あなたが考えているのとは別の場所に、改善できる点がたくさん残っているとしたらどうでしょう。

私は、改善点を4タイプに分類して考えます（図1-4）。認識軸と実現軸の2つの軸があり、それぞれの軸で2つに区分します。あなたは、この4タイプを意識していましたか？「顕在的改善点」とは、既に改善点として認識しているもので、「潜在的改善点」とは、まだ改善点であることに気がついていないものです。また「改善可能」とは、解決手段を知っていて、実行もできるもの。他方、「改善不可能」とは、解決手段をまだ知らないか、実行できないかのいずれかです。

タイプ1　現れた改善点　改善点として認識され、改善が可能なもの。ここがまだ改善されずに残されているようであれば、それはすぐに改善するべきでしょう。

タイプ2　掲げられた改善点　改善点として認識されているが、改善が不可能なもの。改善すべきところはわかっていても、時間がない、お金がない、スキルがな

図1-4｜改善点の分類

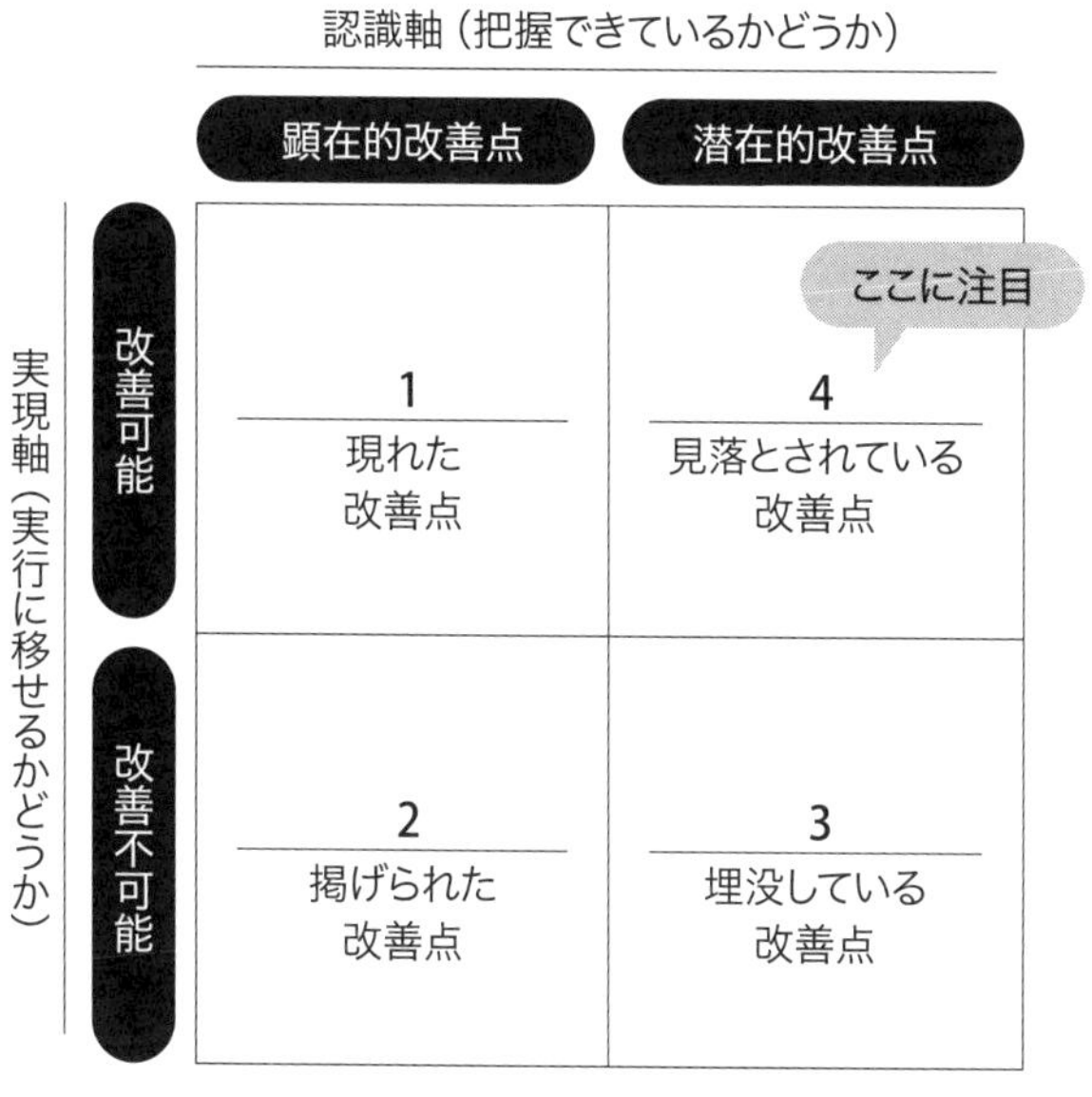
認識軸（把握できているかどうか）
顕在的改善点
潜在的改善点
実現軸（実行に移せるかどうか）
改善可能
改善不可能
ここに注目
1
現れた改善点
4
見落とされている改善点
2
掲げられた改善点
3
埋没している改善点

い、自信がないなど、改善できない理由があるのです。

タイプ3　埋没している改善点　改善点として認識されず、改善も不可能なもの。これは発見も解決も難しく、誰にも気づかれずにじっと眠っているところです。

タイプ4　見落とされている改善点　改善可能にもかかわらず、認識されていないもの。これこそが、これからあなたが扱わなければならないところです。ここには大きな改善点がたくさん転がっています。あなたはただ、それを見るだけでいいのです。

改善を考えるときに着目すべきは、潜在的改善点です。タイプでいえば、4つめの「見落とされている改善点」です。なぜなら、**あなたは、解決手段を知らないために改善ができないのではなく、改善点に気がついていないために改善ができないのです。**

あなたに必要なものは、解決手段を手に入れるための「事例収集」ではありません。潜在化している改善点を見つけ出す「原理」です。その原理こそが、ファンクショナル・アプローチなのです。

事例を収集して、改善不可能なものを改善可能にするためには、莫大な労力と時間、お金がかかります。しかも情報量に依存することになるうえ、せっかく手に入れた情報も、すぐに陳腐化してしまいます。

一方、原理を身につけて、見落とされている改善点を顕在化させることができれば、さまざまな問題に直面したときに活用ができます。原理は万能薬です。ひとたびこの原理を身につければ、成功事例を集めたり、解決手段を学び続けたりする必要はありません。

ひとつの事例からは、ひとつの解決手段しか得られません。しかし、ひとつの大原理からは無限の答えが得られます。つまり、**事例は単なる知識に過ぎず、原理は無限の知恵となる**というわけです。

ワンランク上の問題解決を目指すなら、ファンクショナル・アプローチの手法を徹底的にものにすべきと私が考えるのは、そういう理由からです。

理由4　過去を手放したがらない

解決手段を得るには、2つの方法があります。「過去」を利用して解決手段を得る方法と、

「未来」を利用して解決手段を得る方法です。解決手段を得るという目的は同じでも、そこにはまったく異なる思考があり、手順も方法も違ってきます。

初めは、「過去」を利用して解決手段を見つけることしかできないかもしれません。しかし、ある段階からは「未来」を利用する方法を身につけていくべきです。

「過去」を利用して解決手段を得る方法とはつまり、すでに体験した事実を思い出したり、他人が実施した実例を探し出したりして、それを今の問題に当てはめて解決しようとする方法です。

この方法は、知識力に依存しています。できるだけたくさんの情報を収集し、そしてそれらを常に的確に取捨選択していく必要があります。そのためには、日常から情報収集に努めなければなりません。これを怠ると、いつもと代わり映えのしない、ありきたりの解決手段しか見つけることができないでしょう。

また、情報は無限にあっても、情報収集には限界があります。どれだけ努力をしても、それが革新的な改善に結びつくことは多くありません。

このように過去のパーツを再構築して解決手段を考えることを、私は「**過去の再現化**」

と呼んでいます。

一方、「未来」を利用して解決手段を得る方法とはつまり、理想的なあるべき姿や最終的に獲得したい状態を具体的に思い描き、そのゴール像を今の問題に当てはめて解決しようとする方法です。

この方法は、想像力に依存しています。できるだけ頭を柔軟にし、否定的な考えから解放されている必要があります。そのためには、日常から想像力を豊かにしておかなければなりません。あいまいではなく、詳細で具体的なイメージを持つことです。これを怠ると、奇想天外なアイデアだけに終わってしまい、机上の空論になってしまうでしょう。

しかし想像力を一度身につけると、いつでもどこでもアイデアやヒントが無限に湧き起こってくるのです。

このように未来の達成状態のイメージから逆算して解決手段を考えることを、私は「**未来の具現化**」と呼んでいます。

過去の体験や経験はまったく必要がないのかというと、そんなことはありません。初期の問題解決では、「過去の再現化」で十分な場合も多いのです。変更が容易で、大きなリスクもありませんから、簡単な課題、小規模な課題、あるいは部分的な課題などの解決には前者が適しています。

しかし、複雑な課題、大規模な課題、あるいは全体的な課題などを解決しなければならないときには、「未来の具現化」が必要になってきます（図1-5）。

いつまでも過去の体験やしがらみを握りしめていては、未来をつかみとることはできません。ゼロベースで考えていかなければならないのです。

問題解決がうまくいく「4つの思考のルール」

ここまで、問題解決がうまくいかない本当の理由について述べてきました。これらを裏返して法則化したのが、次の「4つの思考のルール」です。このルールを試してみることで、今まで解決できなかった問題が解決できるようになるのです。

・固定観念にしばられず、前回と違った方法を試してみる

図1-5｜過去の再現化と未来の具現化

	過去の再現化	未来の具現化
開始時点	過　　去	未　　来
足がかり	事例、前例	あるべき姿
依存要素	知識の量	想像の質
必要資源	時間、労力、金	創造的な思考
解の鮮度	すぐに陳腐化	常に新鮮
日常作業	情報収集の継続	思考の柔軟性の維持
問題解決	一 般 的	革 新 的
適用規模	日常的な問題	大規模な問題
活用思考	トレンド思考	ゼロベース思考

・手段にこだわるのではなく、改善点に焦点を当てる
・「見落とされている改善点」を探す
・過去を手放し、未来のあるべき姿から発想する

これらができれば、ワンランク上の問題解決ももうすぐです。

しかし、頭で理解できても、実際にはなかなかできないものです。変に意識してしまうことなく、手順を踏んでいくことで自然にそのようなことができればいいですよね。それが、ファンクショナル・アプローチです。

3

「その努力は何のため？」

問題解決ができない人は、問題に対してだけでなく、日常生活の中でも同じ行動、同じ思考をしています。そういった事例を紹介しましょう。

環状線の先頭をぐるぐる回っていませんか？

東京、大阪、名古屋などの都市高速道路には、環状線があります。この環状線をあなたは運転したことがありますか？　あるとしたら、どのように走っていますか？　走りながら前の車を追い越そうとしてはいませんか？　先頭になろうと思っていませんか？

実は、私も昔はそのようにしていました。前に車が走っていると「追いつかなければ」

「追い越さなければ」という衝動に駆られていたものです。

あるいは、追い越そうとはせずに、前の車の後をずっと追いかけているだけという方もおられるでしょう。ただ前の車のテールライトを見ながら、つかず離れず一定の距離を保ち、流れに任せて走行しているのではないでしょうか？

私たちのビジネスや生活の中には、このような都市高速道路の環状線のようなものがたくさん潜んでいます。ある目標を目指してまっしぐらに進み、それをクリアすると次の目標が見えてくる。そうやって先に進んでいるつもりが、いつまでたっても終点のない道をぐるぐると回ることに一生懸命になっている……これを、「無駄な努力」と言います。

ビジネスの成功はどこにあるのでしょうか？　どこまで行くと先頭なのでしょうか？　ずっと先まで進んだと思っているようで、実は元のところに戻っているのです。私はこのような現象を「都市高速環状線現象」と呼んでいます。

ビジネスの成功は、都市高速環状線の中にはありません。回り続けることは、手段に埋没しているだけで、ビジネスの成功にはたどり着けないのです。

アントワーヌ・ド・サンテグジュペリの『星の王子さま』に、点燈夫という人物が登場します。

星の王子さまが訪れたその星は、街灯と点燈夫だけの小さな星でした。一日の長さが1分間しかないため、点燈夫は1分間に一度、街灯を点けたり消したりしなければならないと言うのです。

朝になったら街灯を消し、夜になったら街灯を点けるのが、彼に与えられた命令だと言うのです。家もない、住んでいる人もいない星の上だというのに、ひたすらそれを繰り返しているのです。そのためとても忙しく、休む間も、寝る暇もないのです。

「街灯と点燈夫とが、いったい、どんな役目をするのか、それは、王子さまがいくら考えても、わからないことでした」

あなたにぜひ考えていただきたいのは、「今のそのやり方が、はたして正しいやり方なのかどうか」です。**もっと他に、別のやり方があるかもしれないと考えてみてください。**

それが、たとえ今まで「正しい」とされていたやり方であったとしても、たとえ定められたルールに従ったやり方であったとしても、です。

「目標を達成しろ」の伝言ゲーム

上層部からの指示を、何の加工もしないで部下に伝えるだけの管理職がいます。そういう上司は、自分の役割を勘違いしていると考えるべきでしょう。自分は部や会社からどのような働きを求められているのかについて、じっくり考えてみる必要があります。


ある会社で、幹部会議が開催されました。ここで社長は、集まった支社長に今期の経営目標について説明した後、このように話したのでした。

「以上の数値目標を何としても達成すべく、各自知恵を絞って取り組んで欲しい」

翌日、それぞれの支社で部長を集めた部長会議が開催され、支社長は前日の幹部会議の内容を受けて、集まった部長に次のように伝えました。

「以上が会社の数値目標だ。わが支社の目標達成のために、それぞれの部門での数値の達成に各自知恵を絞って努力して欲しい」

その日の午後、部長は課長を集めて次のように話しました。

「部門の目標達成のために、各課長は知恵を絞って数値目標を死守してもらいたい」

さらに、課長は課員に対して、このようなメールを流したのでした。

「今期の数値目標が確定しました。各自、知恵を絞ってがんばってください」

社長は、会社の達成目標値を支社長に伝えます。支社長は、支社の達成目標値を部長に伝えます。部長は、部門の達成目標値を課長に伝えます。課長は、課の達成目標値を課員に伝えます。そして声をそろえて言うことは「各自知恵を絞って数値目標を達成せよ」です。いったい、社長は誰に知恵を絞ってもらいたかったのでしょうか？

ここではリーダーシップを論じたいわけでもなければ、無能な管理職を揶揄したいわけでもありません。

ただ言えるのは、私たちは、社会の中でさまざまな役割を持ち、それぞれの働きをしているということです。会社であっても、家庭であっても、何らかの役割があるはずです。その役割に求められていることを理解していないと、あなたの努力は勘違いに終わり、努力していることは伝わったとしても、相手に対して何の働きももたらすことはないでしょう。

一生懸命に自分の役割を全うしようと努力することも大切ですが、その前にまず、**その役割がどういうもので、誰に対して、どのような働きがあるのかを理解することが必要です**。それができれば、「どこを」「どのように」改善すればよいかが見えてきます。気がつかなかったところに気づくことが、問題解決のポイントなのです。

◇

あなたが、もし今のやり方に対して、「努力のわりには効果があらわれない」と感じているのであれば、ぜひ次のことを考えていただきたいのです。

「他に、別のやり方があるかもしれない」
「そもそも、どのような意味があるのだろうか？」
「自分は、何を求められているのだろうか？」

あきらめないでください。視点を変えることで、あなたの努力はまだまだ改善できます。解決手段はまだまだ残されているのです。

「無駄な努力」を見分ける2つの質問

努力にも2種類あります。「必要な努力」と「無駄な努力」です。無駄な努力をなくし、必要な努力だけをしていきたい、誰しもがそう願っています。いつまでも気づかずに「無駄な努力」ばかりを繰り返していては、時間とお金と体力を浪費するだけです。

それでは、「必要な努力」と「無駄な努力」を見分けるには、どうすればいいのでしょうか。

無駄な努力かどうかを見分けるためにぜひ覚えていただきたい2つの質問があります。

「それは何のため？」
「それは誰のため？」

「それは何のため？」とは、その努力を行う「目的」を問いかける質問です。あるいは、その努力によって得られる「効果」を確認する質問といってもよいでしょう。

そして、この問いかけに対して出てきた答え（目的）に対して、さらに「それは何のため？」と繰り返し問いかけます。もし答えに窮するようであれば、それは無駄な努力である可能性が非常に高いでしょう。「目的」のない努力は、無駄な努力です。ですから、それを取り除いても何の問題もありません。

「それは誰のため？」とは、その努力によって得られる目的や効果の所有者を問いかける質問です。自分のための努力なのか、相手のための努力なのかに意識を向けます。もしその答えに、本来の所有者と違う名前が出てくるようであれば、それも「無駄な努力」である可能性が高いでしょう。

次の「レマン湖の釣り人」という寓話をご存じでしょうか？

スイスのレマン湖という大自然に囲まれた美しい湖に、日本人が観光に訪れました。近くの湖畔でボーッと釣りをしている釣り人を見かけ近づいて、こう言いました。

「魚がこんなにたくさんいるのだから、網を使えばいっぱいとれますよ」

すると釣り人は「網でたくさんの魚をとってどうするのですか？」と聞き返しました。

「魚を市場に持っていけば、いいお金になるじゃないですか」

「お金に換えてどうするのですか？」

「お金があれば、この湖のほとりに別荘を建てることもできるじゃないですか」

「別荘を建ててどうするのですか？」

「別荘があれば、一日、ボーッと釣りを楽しめるじゃないですか」

「……」


この日本人は、釣り人がすでにボーッと釣りを楽しんでいることに、最後にようやく気がつくのです。「魚を釣るのは、何のため？」から始まったこの会話は、次のように展開していきました。


「魚を釣るのは、何のため？」→「魚を売るため」

「魚を売るのは、何のため？」→「お金を得るため」

「お金を得るのは、何のため？」→「別荘を建てるため」
「別荘を建てるのは、何のため？」→「魚を釣るため」
最後には「魚を釣るため」に戻り、この日本人は答えに窮してしまいました。つまり、たくさんの魚をとるための努力や工夫は、この釣り人にとって「無駄な努力」であり、そのために時間やお金や体力を使うのはやめておいたほうがいいということです。

私たちは、目の前の課題を解決することに意識をとられてしまい、その未来にどんな最終目的があるのかを見落としがちです。「木を見て森を見ず」にならないように、常に俯瞰的な視点を身につけておきたいものです。

目の前の努力に一生懸命になる前に、ただひとこと、「それは何のため？」と問い続ければ、「必要な努力」と「無駄な努力」を見分けることができます。たったそれだけの問いかけで、問題解決のヒントを得ることが可能となります。

「なぜ?」よりも「何のために?」

「なぜ?」という言葉を「何のために?」に置き換えてみましょう。それだけで、視点を「過去」から「未来」へと移すことができます。

「なぜ?」という質問は、「原因」を追及するというイメージが強いようです。人は「原因」を問われると、意識が過去に向きます。未来に意識を向けさせたいのであれば、「原因」よりも「目的」を問うことが大切です。英語で書けば、「それは何のために?」は“What is it for ?”で、「それはなぜ?」は“Why is it ?”となります。

次の2つの質問をご覧ください。このニュアンスの違いがわかりますか?

「なぜ、会議の開始を1時間遅らせるのか?」
「何のために、会議の開始を1時間遅らせるのか?」

「なぜ?」と聞かれると、多くの人は、「前の会議がずれたから」「メンバーがそろわないから」などと「言い訳」を考えてしまいます。反対に「何のために？」で聞かれると「前の会議を中断させないため」「全員が参加できるため」などの「目的」を考えはじめます。この微妙なニュアンスの違いが、人の思考を「原因」に誘導するか、「目的」に誘導するかの差を生むのです。

「原因」を追及して過去を思い出すよりも、「目的」を追求して未来に目を向けることです。問題解決をするときには、「何のために？」と問いかけるようにしていきましょう。

「手段志向」よりも「目的志向」

人は、判断力がつけばつくほど、目的よりも手段を知りたくなるようです。ある課題に遭遇したとき、私たちはまず「その課題に対して、どのように、するべきか」を考えてしまうのです。

あなたは、いかがでしょうか？　経験や情報をたくさん集めて、その中から対策をひねり出そうとしていませんか？　もし対策が見つからないような難題に遭遇したときも、類似の事例を当てはめてどうにかしようとしているのではないでしょうか？　それは、頭が手段を探し求めているからなのです。これが「手段志向」です。

たとえば、上司から次のようなことを言われました。あなたは、どのように考えますか？

「今度の会議は、とても重要な会議になるだろう。そこで、君にその一切の運営をしてもらいたい。頼むぞ」

これまで自分に会議運営の経験があったとしてもなかったとしても、多くの人はまず、このように考えるでしょう。

「どのように運営すればいいのだろうか？」

これが手段志向です。しかし一方で、ワンランク上のビジネスマンはこう考えます。

「何のために運営すればいいのだろうか？」

これが目的志向です。もしあなたが目的志向で考えたのならば、すでにファンクショナルな視点をお持ちの方といえるでしょう。

「どちて坊や」にならえ！

ところであなたは、1975年から82年まで放送された『一休さん』というTVアニメをご存じでしょうか？　頓智で有名な臨済宗の禅僧「一休宗純」の子供時代をモチーフにしたアニメで、一休さんが難問珍問を見事な頓智で解決し、相手をギャフンと言わせるシーンは、何度見てもスカッとします。

(これはあくまでたとえですので、ビジネス上の難局を頓智で乗り切ろうなどと考えてはいけません。ユーモアとしてコミュニケーションに役立てる程度にしてくださいね)

この番組で注目したいのが「どちて坊や」です。彼は、何かにつけて「どちて？」「どちてですか？」と繰り返し聞いてきます。このため、多くの人が返答に窮してしまうほどなのです。あの「やんちゃ姫（五条家の末娘露姫のこと。誰もが手を焼くわがまま娘）」

さえ寄せつけず、ある意味、この物語における最強の人物と言われています。

あなただって、まだ小さかった頃、親や周りの人に「どうして？」「ねえ、どうして？」と繰り返し聞いていませんでしたか？　いつから、私たちは手段志向になってしまったのでしょう。目的志向はどこへ行ってしまったのでしょうか？

素朴な疑問、そもそも的な質問は、誰しも少なからず持っているはず。ただ、大人になるにつれ、次のような感情に支配され、それを頭の奥にしまい込んでいるだけなのです。

・もっと賢い質問をしなければならない
・時間がもったいないので、質問するのは遠慮しておこう
・こいつは無知だと思われたくない
・能力がないと思われたらイヤだ
・見下されるかもしれない

気持ちはわかります。**しかし問題解決には、今していることに対して、ひとつひとつ疑問を持つことが大変重要であり、不可欠なのです。**

目指すのは「どれだけ良くなったか」

改善にゴールや終わりはありません。あるのは優劣だけです。

「ここまで改善すれば、それ以上改善する必要はなくなる」
「とりあえず問題が解決したから、このあたりがゴールだろう」

このような考えで改善を終えてしまってはいけません。改善に終わりはないのです。
では、どこを目指して改善を進めていけばいいのでしょうか？　何を目標に改善していくべきなのでしょうか？

目指すのは、「優れている」ことです。改善前と改善後を比べることによって得られた改善率が、目標です。改善率は、優劣の度合いを計ることで確認できます。どれだけ進んだか、どれだけ高まったか、どれだけ向上したかを比較します。

このように、改善とは、より優れた状態を追い求める活動です。もっと工夫できないか、もっとより良くできないかを追究していくことです。だから、ゴールや終わりはないのです。

改善活動とは、たとえるならば、一流の料理を創作するようなもの。シェフは、もっとおいしくできないか、もっとお客様を感動させることはできないかということを追究し、料理を創作していきます。このような活動には、ゴールや終わりがありません。これ以上改善できないほどの完成された料理など、存在しません。

「もっと他に改善点はないか」「さらに優れた解決手段はないか」を追求していくことが、ワンランク上の問題解決をもたらします。うわべの問題解決で満足しないことです。

4 問題に直面したときの4つの志向パターン

問題解決になくてはならない要素は、分析力と実行力です。分析力により「問題の認識」と「改善点の抽出」を、そして実行力により「解決手段の選択」と「問題の解決」を、それぞれ行います。

問題に直面したとき、どのように志向するかは人によって異なりますが、分析力と実行力により、4つの志向パターンに分類されます（図1-6）。

タイプ1 分析力と実行力の両方が乏しい

このタイプの人はたいてい、問題をただ傍観するだけで、「できれば問題から逃げだしたい」と考えます。そんな人はまず分析力を高めることから始めましょう。分析力が身につけば、おのずと実行力がつくケースが多いからです。

タイプ2　実行力があっても分析力が乏しい

要するに、考えることが苦手なタイプです。あなたは「きこりとのこぎり」の寓話をご存じでしょうか。

ある賢者が深い山道を歩いていると、一人のきこりが汗をいっぱい流しながら、のこぎりで木を切っているところにさしかかりました。このきこりはがっしりとした体格で、見るからに力もありそうでした。

「精が出ますね」と賢者は声をかけました。

きこりは、チラッと見ただけで何も答えず、一心不乱に木を切っていました。

その賢者は、しばらくきこりの様子を見ていて、あることに気がつきました。力を入れているわりには、なかなか作業が進まないのです。

図1-6｜問題に対する分析力と実行力

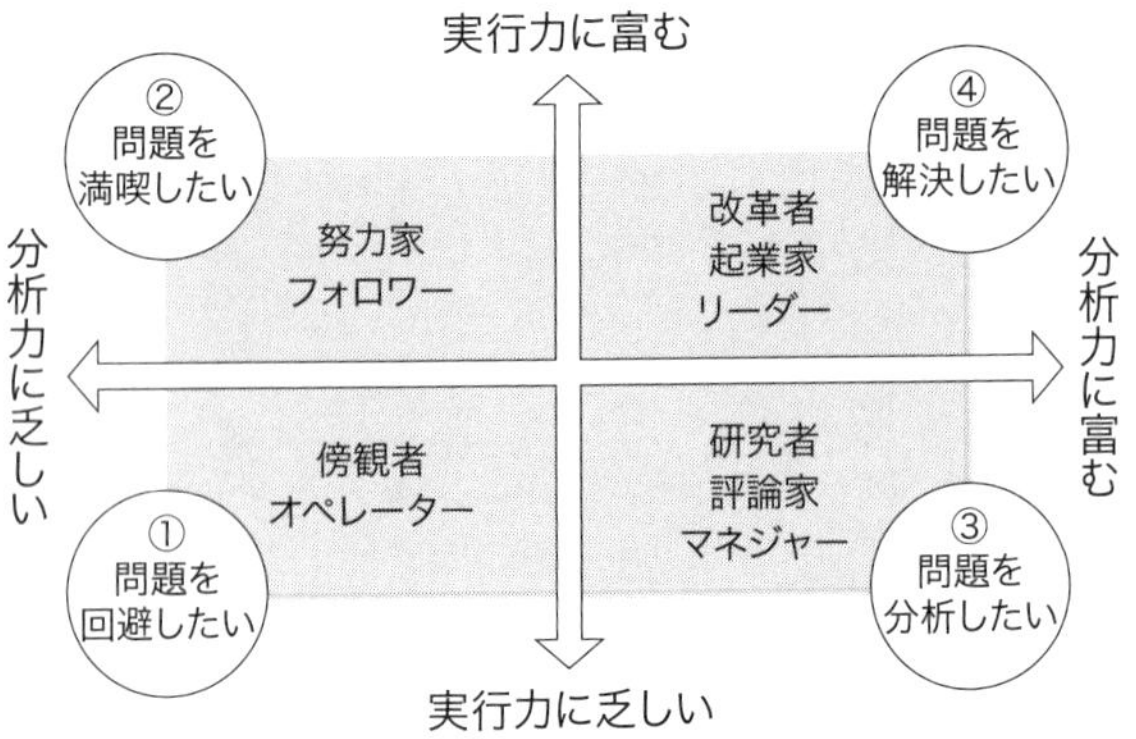

「もしもし、そののこぎり、切りにくそうですね。少し目立て（歯を鋭く研ぐこと）をしてはどうですか」

　そこで頭にきたきこりは、大声でこう叫んだのでした。

「何が目立てだ。俺は今、見ての通りすごく忙しいんだ。日が暮れるまでに木を切らなくちゃいけないんだ。そんな暇なんかあるもんか」

　このきこりは、寸暇を惜しんで、ただひたすら切り続けることがいいやり方だと考えているのでしょう。しかし、10分でも時間をつくって目立てをしたら、その後の作業がどれほど楽に効率よく進むことか……。

実行力があっても、分析力に乏しいと、無駄な努力を繰り返すだけです。あたかも、問題に取り組んでいることで、達成感を得ようとしているかのようです。

タイプ3　分析力があっても実行力が乏しい

逆にこのタイプは、変化を起こすことができません。すべての懸案事項が解決するまでは行動できず、いろんなケースを想定しては、分析を繰り返してばかりいます。

ロバート・キヨサキは『金持ち父さん 貧乏父さん』でこう書いています。

「5マイル先までの信号が全部青になるのを待ってドライブに出かけようとしているようなものだ」

5マイルといえば、8キロメートルです。その間の信号がすべて青になることは、ほぼありえません。ここでキヨサキ氏が言っているのは、不確定要素をすべて分析して100%確実であるということが立証できないと行動に移すことができない人のことです。

ジェームズ・スベンソンも『扉の法則』でこう言っています。

「世の中で最も残念な言葉は、『やってみたらできたかもしれない』である」

タイプ4　実行力と分析力の両方を兼ね備えている

このタイプは真のリーダーであり、問題を解決できる改革者です。こういう人には「問題を解決したい」という志向があります。

5 改善点を見つける5つのアプローチ法

　問題を解決するにあたっては、改善点をどのように見つけるかが重要だということは、先にお話ししました。

　改善点が簡単に見つかるに越したことはありませんが、ほとんどの場合は、そううまくいきません。そこで世の中では、改善点を見つけ出す手法がこれまでいくつも考案されてきました。それぞれの手法によってアプローチ方法は異なり、また、何を足がかりにして考えるかによって、そのパターンは次の５つに分けられます（図1－7）。

アプローチ1

仮説検証法

仮説を立て、それを検証していくことで、改善点を絞り込もうとする手法です。誰が、どのような仮説を立てるかによって、成果が大きく異なる特徴を持っています。

問題が起こるということは、それを引き起こしている原因またはプロセスがあるはず。その原因の一部あるいは全部を変更することで、問題を解決するというものです。

このやり方は、「原因が、どのようなプロセスで結果を引き起こしているか」についての解明は重視しません。むしろ、トライアンドエラーを繰り返していく中から、理論や法則を見つけるのです。

たとえば、客の入りの悪い店舗があったとします。まず「何が原因で客が入らないのか」について仮説を立てます。次に仮説にしたがって、その「原因」を取り去ってみます。そうして、客の入りが増えたかどうかを観察するのです。もし変わらずに客の入りが悪ければ、それは原因ではありません。もし、客の入りに変化が現れたら、それが原因かもしれません。これが、仮説検証法です。

問題が発生する前の時点から、時間の流れに沿ってアプローチしていくことから、「演繹的アプローチ」ということができます。

アプローチ2　品質管理法

起こった結果を基に、それが発生したプロセスをさかのぼることで最終的な原因を究明し、そこから改善点を見つけようとする手法です。

この方法で必要なのは、プロセスの把握と記録です。すべてのプロセスを克明に記録し、管理しておかなければなりません。QC（品質管理＝クオリティ・コントロール）やISO9000s（国際標準化機構による品質マネジメントシステム関係の国際規格）などは、この方法により改善点を発見しようとするものです。

客の入りの悪い店舗に当てはめれば、客の入りが悪くなった時点にさかのぼって、その頃に何か変わったことがなかったかを探るのが品質管理法です。

難点は、問題が起こらないと改善できないという点です。時間の流れをさかのぼるアプローチ方法であることから、「帰納的アプローチ」ということができます。

アプローチ3　情報解析法

データを収集し、個々の要素の相関関係から改善点を掘り起こそうとする手法です。そのためには、一見関係のなさそうなものも含めて、とにかくあらゆるデータを多量に蓄積しておくことが大切です。

この方法は、コンピュータを活用し、膨大なデータを集積して、その中から法則性を見つけ出そうというものです。情報解析法の代表的な手法のひとつであるデータ・マイニング法で有名な事例がありますので、ご紹介しましょう。

米国のあるスーパーマーケットが、POS（販売時点情報管理）システムで記録された膨大なデータをデータ・マイニング法で分析しました。その結果、「週末に紙おむつを買った男性は、同時に缶ビールをケースごと買う」という法則をはじき出しました。購入者の性別、年齢、日時、商品などの大量データからこのような法則を見つけるのは、コンピユータだからこそできたことでしょう。片っ端からひたすら組み合わせて、相関性のあるものだけを絞り込んでいくのです。

実際にそのスーパーで、週末に紙おむつと缶ビールを並べておいたところ、飛ぶように売れたそうです。

コンピュータが人の代わりに解析するアプローチ方法であることから、「ＩＴアプローチ」ということもできます。

アプローチ４　類型置換法

過去の事例をパターン化し、類似のパターンに当てはめることで改善点を導こうとする手法です。この手法がうまくいくかどうかは、どれだけパターンを単純化させられるかにかかっています。

これは、過去の経験や前例を活用してあらかじめモデル化しておきます。そして、問題が発生したときに、類似モデルの改善点を参考に、今の改善点を見つけようとするものです。**ポイントは、経験の質と量にあります。**そしてそれだけではなく、今の問題に対してどのモデルが適切かを選び出す技術も必要になってきます。

前例や事例を調べたりするのは、この方法に該当します。技術の世界では、TRIZ（ロシアで開発された250万件の特許事例をモデル化したもの）が有名です。

客の入りの悪い店舗では、雑誌や書籍、他店の成功事例から適当なものを選び出し、そこから改善点を見つけようとするものです。

難点は、過去の経験や前例はそのままでは役に立たないということです。問題が同じ状況で起こることは稀であり、ほとんどの場合は未知のものだからです。

類似の型に当てはめるアプローチ方法であることから、「パターン・アプローチ」ということもできます。

アプローチ5　機能分析法

問題の対象を徹底的に分解し、抽象化された言葉に変換し、再構築することで改善点を浮き彫りにしようとするものです。

この方法は、果たすべき本質的な機能を出発点にして、その達成度を評価することで、

図1-7｜改善点へのアプローチ法

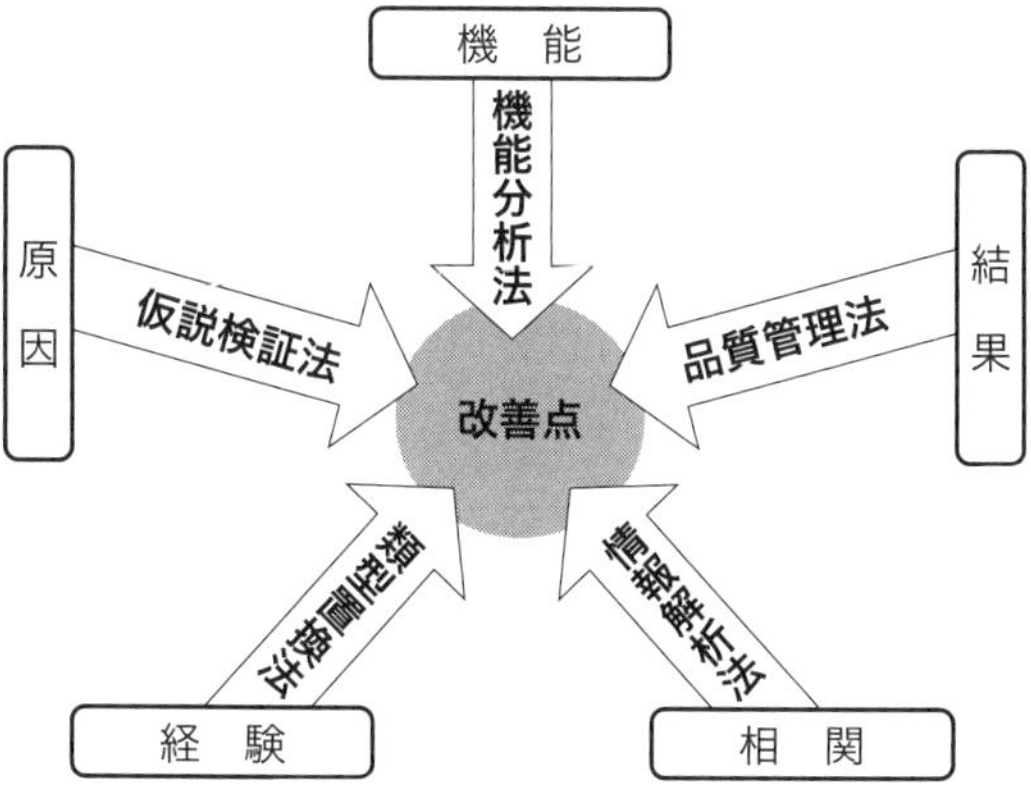

改善点を顕在化させようとするものです。

「対象から機能を抽出する」ことが、他の技法にない点です。機能は初めから与えられているのではなく、現在の状態から導き出します。このことにより、今まで気がつかなかった改善点が見えてきます。

客の入りの悪い店舗の例でいえば、店舗の現状を機能に置き換えていくことから始めます。そして、その機能が「何のために」あるのかを、繰り返し追究していきます。

これは、機能本位に考えるアプローチ方法であることから、「ファンクショナル・アプローチ」ということができます。

◇

どのやり方が万能ということはありません。また、一度効果が出たからといって、そればかりを繰り返してもダメです。ただ、それぞれに利点と欠点があるということです。単純な問題に対しては、品質管理法や類型置換法などの方法で解決可能かもしれません。しかし、単純には解決できそうにないワンランク上の問題解決には、機能分析法、すなわちファンクショナル・アプローチが効果的です。

それでは、いよいよファンクショナル・アプローチの原理について、詳しく説明していきましょう。

7 ファンクショナル・アプローチで視点を変える

常識から自由になる術を身につけよ

ファンクショナル・アプローチの原理は、思い込みの変革にあります。私たちは、過去の経験や知識により、思い込みという「轍」から抜け出せずにいます。このことは、これまで述べてきたとおりです。

その思い込みを根底から覆すことで、まったく何もない素の状態から問題に向き合おうというのが「ファンクショナル・アプローチ」です。轍がしっかりできあがっている道を、一度まっさらに戻し、新たに理想的な道をつくりだそうというものです。

ここで思い出していただきたいのは、「コロンブスの卵」です。

クリストファー・コロンブスがサンタ・マリア号に乗り、1492年に大西洋を横断し、アメリカ大陸を発見するという偉業を達成しました。帰国後の式典で、彼の成功を妬む人々からこのように言われたのでした。

「誰でも西へ行けば陸地が見つかる。造作もないことだ」

そこでコロンブスは、彼らに質問しました。

「どなたか、この卵を机の上に立ててください」

誰も立てることができませんでした。するとコロンブスは、卵の底を少し割ってから机の上に立ててみせたのです。

それを見た人々は、すぐにこう言いました。

「そんな方法なら誰でもできる」

そこでコロンブスは、こう言い返したのでした。

「人のした後では造作もないことだ」

常識とは、いったい何でしょうか。広辞苑には、「普通、一般人が持ち、また、持っているべき知識」と記されています。英語ではCommon Senseであり、直訳すると、共通の感覚という意味です。つまり常識とは、あくまで「その集団の中で大多数の人が持っている共通の知識」であり、決して「正しい知識」ではないのです。

たとえ、思い込みがその個人の未知から生じたものであったとしても、もしその思い込みがその集団の大多数に伝播すれば、それは常識になってしまうということです。

常識が、あなたの知識をゆがませ、あなたの感覚を鈍らせているのです。だとしたら、常識から自由になる術を身につけねばなりません。

常識は2つの因子からできている

常識から自由になるためには、常識ができあがる原理を知らなければなりません。その因子は、たった2つ。外的誘因と内的動因です（図1-8）。

外的誘因とは、外部から入ってくる感覚的な情報です。見たり、聞いたり、触ったりして得られるものです。目の前にある「問題」そのものは、外的誘因といえるでしょう。

図1-8｜常識は2つの因子からできている

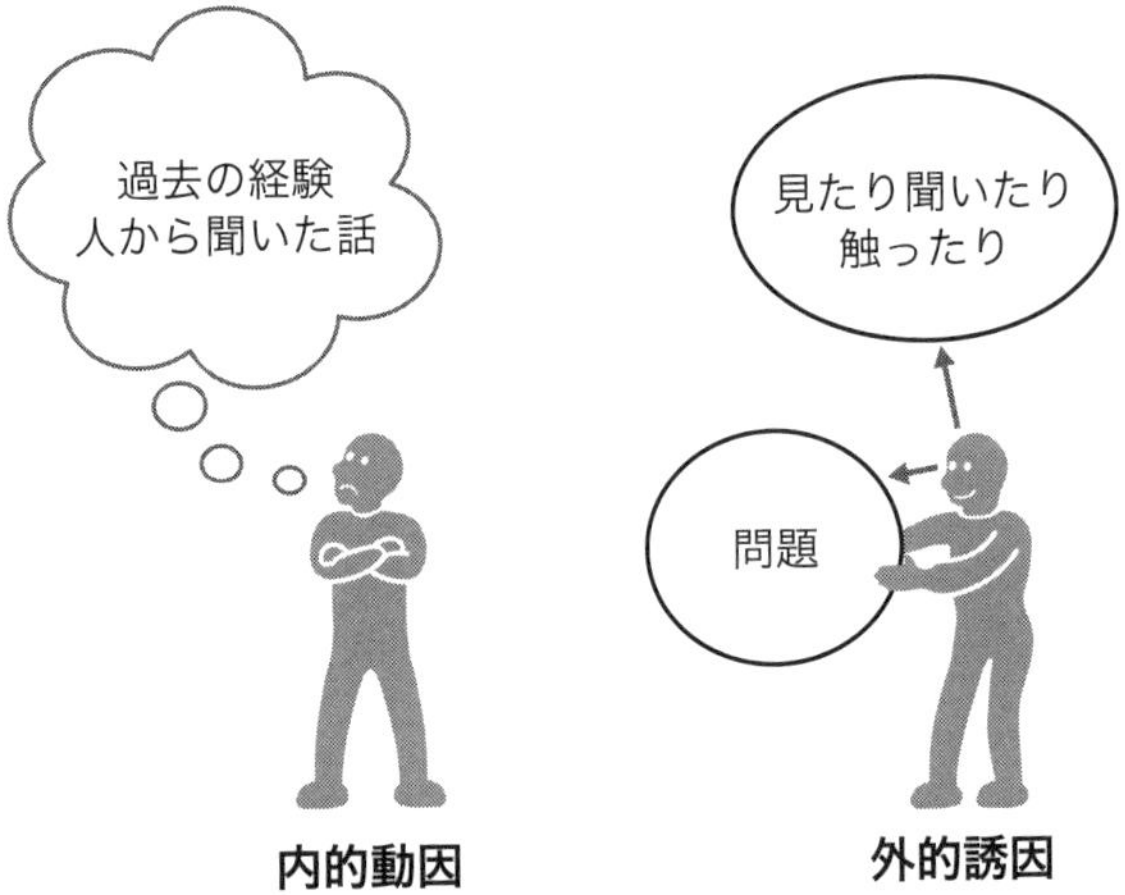

　一方、内的動因とは、過去の経験により脳がつくりあげた判断基準です。「問題を解決することは難しいことだ」と思っているとしたら、それは、過去に難しい問題を経験したこと、あるいは経験した人の話を聞いたことに起因しているといえます。

　つまり、常識とは、外的誘因と内的動因が一致したときに、脳がつくりだす知識です。言いかえると、**脳に勝手な知識をつくらせないためには、外的誘因を遠ざけるか、内的動因を起こさせないようにするかの、どちらかを行う必要があります。**

　外的誘因を遠ざけるためには、問題

から離れるのが一番かもしれませんが、それでは、問題は解決できません。では、どのようにすればいいのでしょうか？

問題を外的誘因にしないために、加工すればいいのです。

外的誘因を加工するには、次の6つの方法があります（図1-9）。

①**細分化**……問題を細かく分解することで、原形をわからなくする。
②**被覆化**……問題の一部を隠すことで、問題と認識できなくする。
③**ズーム・イン**……問題の一部を拡大することで、全体を見えなくする。
④**ズーム・アウト**……問題の周囲も取り入れることで、問題を相対的に小さくする。
⑤**変形化**……問題の形や性質を変化させることで、別のものと思わせる。
⑥**抽象化**……余分なものを取り除き単純化することで、新たな感覚で捉えさせる。

次に、内的動因を起こさせないようにするためには、どうするのでしょうか。これは、人の意識にかかわることなので、単純にはいきません。訓練を伴うものも含めて、いくつ

図1-9｜外的要因の加工方法

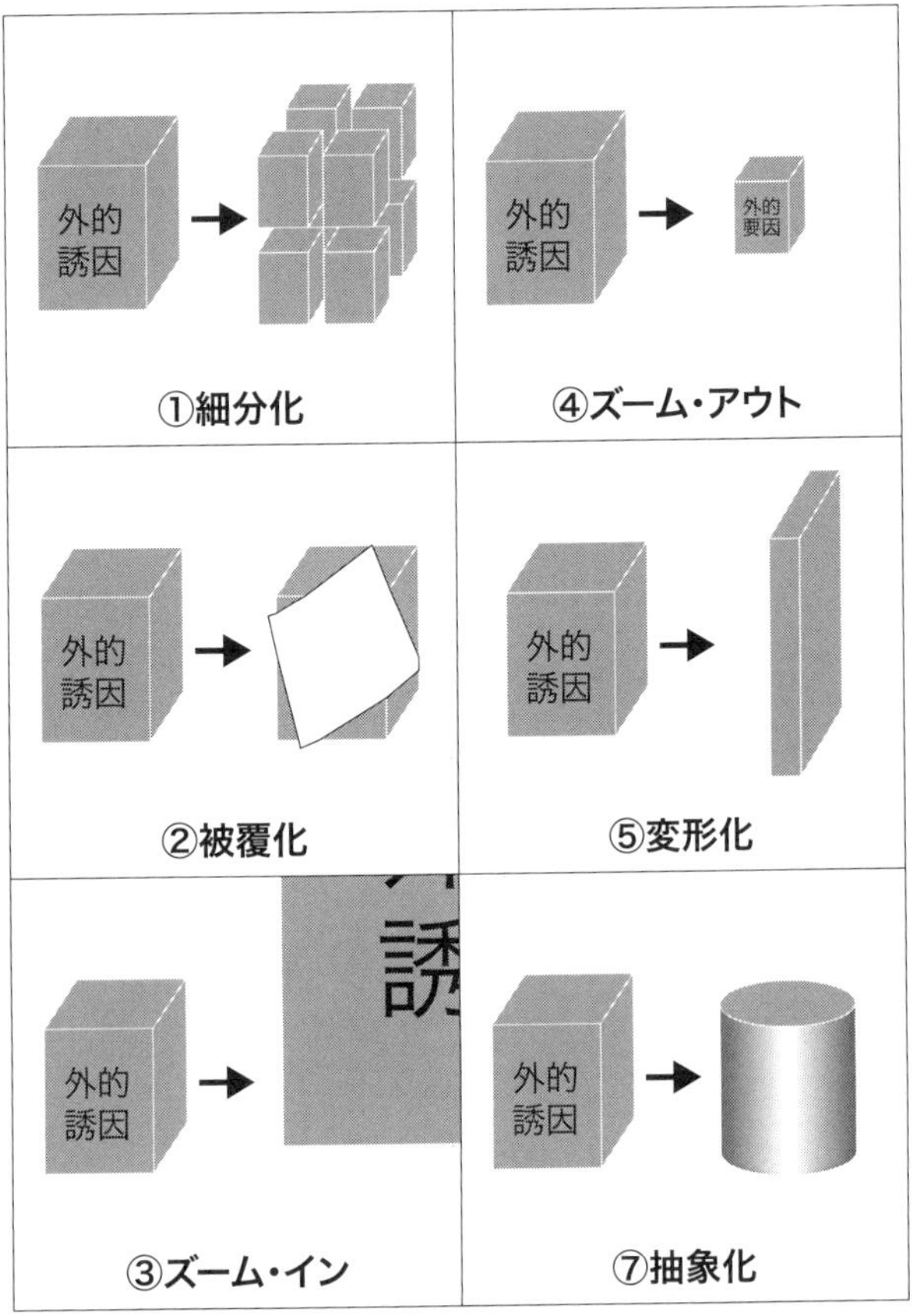

かの方法がありますが、ここでは紹介だけにしておきます。

①**具体化**……問題をはっきりさせることで、誤解を解く。
②**新事実**……新しい事実を経験することにより、古い事実を訂正する。
③**暗示**……別の思い込みを植えつけることで、覆い隠す。
④**疑似体験**……擬似的、想像的に体験することで、新たな内的動因をつくる。
⑤**安心感**……不安な部分を取り除くことで、安全で安心であると感じさせる。

これらを上手に組み合わせて使うことで、外的誘因や内的動因の影響を受けずに、固定観念や常識、先入観から抜け出すことができます。その結果、新鮮な感覚で問題に対処できるようになるのです。

ファンクショナル・アプローチには、これらのほとんどが組み込まれています。だから、常識にとらわれることなく、ワンランク上の問題解決ができるのです。

「モノ」ではなく「ファンクション」に視点を移す

あなたが見ているもの、聞いているもの、触れているもの……**これらのものはすべて、「何かを表現するための手段」であるということに着目してください。**「モノ」「コト」そのものを行ったり、提供したりするのが目的ではありません。「モノ」や「コト」を通して、何かを表現しようとしているのです。その表現の源となっているものが「ファンクション」です。

「ファンクション」とは、意味であり、意図であり、働きであり、役割であり、目的であり、効用であり、効果であり、性能であり、理由であり、機能です。まず「ファンクション」があり、その結果として「モノ」や「コト」が生まれたのです。

たとえば、あなたが今この本を読んでいるということは、「本」を手にしているということです。本という物質は、単なる「ファンクション」の表現手段に過ぎません。あくまで、文字や絵の描かれた紙が綴じられている「モノ」なのです。この文字にも、絵にも、紙にも、そして「本」にも、ファンクションがあるのです。あなたは「モノ」を購入したのではなく、「ファンクション」を購入したのです。

もうひとつ別の例として、業績が伸びている組織について考えてみましょう。そこで起こっている問題は、「社員が足りず、首が回らない。このままでは業務に対応できなくなる」というものです。社員が毎晩徹夜しても追いつかない状況です。

さて、ここでいう「社員が足りない」「業務に対応できない」といったことは、あくまで表に現れた「コト」でしかありません。その背景には、それが生まれるに至った「ファンクション」があるはずです。改善点は「コト」にあるのではなく、「ファンクション」にあるのです。

表現の手段であるモノやコトをいくら考えても、一時的に問題は解決できたとしても、根本的な解決にはなりません。病気と同じです。対症療法だけでは、根本的な治癒にはなりません。原因となっているものを取り除くことで、はじめて病気は癒えるのです。

手段から目的へ、部分から全体へ

ファンクショナル・アプローチは、本質を追究していくために、徹底的に「モノ」や「コト」から離れていきます。これを「モノ離れ、コト離れ」と呼びます。

「どうしてそこから離れなければならないのだろう」とお思いかもしれません。それは、それが手段として表現された「モノ」であるからです。ファンクショナル・アプローチでは、そこに現れている「手段」を徹底的に調べることで、その背後にある「目的」が明確になると考えます。目的を明確にすることができれば、手段にとらわれることなく、自由に問題解決が可能になるというわけです。

あなたが直面している問題も、単なる結果です。何かの手段の現れです。問題そのものに引っ張られないようにしましょう。問題を認識したら、冷静に事実をとりあげ、徹底的に離れることです。離れるといっても、目を背けたり無視したりすることではありません。

問題を含む「全体系のファンクション」に注目するということです。

手段から目的へ、部分から全体へと意識をかえることが、ファンクショナル・アプローチの考え方です。

「ファンクション」からアプローチするから、革新的な問題解決ができるのです。

技術開発や製品開発を効率的に行うための開発技法として有名なタグチ・メソッド（TM、あるいは品質工学ともいいます）では、次のような合い言葉があります。


「品質が欲しければ、品質を測るな。機能性を評価せよ」

第2章

実践

ファンクショナル・アプローチ

Step1 準備

1 5つのツールを準備する

今この本を読んでいるあなたは、何らかの問題に直面しているのでしょうか。あるいは、ビジネスで日々問題解決を求められているのかもしれません。いずれにせよファンクショナル・アプローチを学び、問題に対する新たな視点を身につければ、ワンランク上の問題解決ができるようになります。そのためにまず準備するのは次の5つです（図2－1）。

①解決しなければならない問題（問題を認識していることが大切）
②小さな付箋紙とペン（ボールペンでも、マジックでもOK）
③一緒に手伝ってくれるメンバー（一人でもできるが、仲間がいるのが理想）
④まとまった時間（集中的に没頭できる時間）

図2-1｜準備する5つのツール

- 解決しなければならない問題
- 小さな付箋紙とペン
- 一緒に手伝ってくれるメンバー
- まとまった時間
- 解決への情熱

⑤解決への情熱（本気、根気、勇気）

「①解決しなければならない問題」は、自然に発生しているもの以外なら何でも対象にできます。有形の「モノ」でも無形の「コト」でも、活動や行動、組織や経営といったものでも、そこに何らかの人の意思が入っているものであれば、必ずファンクションがあるのです。

たとえば、海の水には人の意思がないので改善することは不可能です。しかし、海の水をコップですくえば、そこにはすくった人の意思が存在するので、改善ができるのです。

「②小さな付箋紙とペン」は、すぐに手に入ります。私は、25ミリ×75ミリ、または15ミリ×

50ミリの付箋紙をよく使います。小さくて十分です。なぜ付箋紙かというと、机の上や壁、雑誌の表紙や前の座席の裏側など、あらゆるところに簡単に貼り付けたりはがしたりできるからです。それに、オフィスの引き出しを開ければ入っていますし、コンビニエンスストアでも必ず売っています。こんな便利なものが安くて身近にあるのです。

「③一緒に手伝ってくれるメンバー」は、同じ問題に直面している仲間が望ましいでしょう。問題や状況を共有できるからです。ただし、新しいメンバーを入れるのも良いことです。新しい感覚でものを見てくれるかもしれません。

私が公共事業の問題解決を図るときには、さまざまな立場の人をメンバーに入れます。情報や技術の偏りをなくし、意見や感覚のバランスをとるためです。このようなチームを「混成チーム」あるいは「共同チーム」といいます。

「④まとまった時間」は、数分から数十時間とさまざまです。問題の規模や内容によっても変わってきます。まとまった時間があれば、思考をひとつのことに集中させることができます。他の雑念を追い払い没頭することで、脳はどんどん活性化し、アイデアがどんどん出てくるようになるのです。

そして何より重要なのは「⑤解決への情熱」を持つことです。情熱があれば、どんな困難でも乗り切ることができます。本気、根気、勇気の三気の精神を集中させます。「何としても解決するぞ」というパッションが必要です。

ファンクショナル・アプローチは、自動的に問題を解決してくれるものではありません。そうではなく、あなたと問題解決をより早く結びつける手伝いをしてくれます。化学でいえば、触媒作用です。あくまで反応を早める物質であって、それ自身は反応の前後で何も変化しないものなのです。

いかがですか、準備はできましたか？　もちろん、そばには本書もお忘れなく。

2 より効果的な解決手段を見つける5つのヒント

実際の作業に入る前に、ここで、効果的な成果を出すための5つの原則について確認しておきましょう（図2－2）。この原則を守ることで、より有効な解決手段を見つけ出すことができるのです。

ヒント1 相手の立場で考える（使用者優先の原則）

問題に直面すると、普通の人はまず、自分の立場で考えてしまうものです。早く、安く、簡単に、上手に、確実に、反対されずに……そうやって問題を解決したいと考えます。しかし、そうやって自分の立場で考えるために、改善点や解決手段はかなり限定されたものになってしまいます。

　ワンランク上の問題解決のためには、自分の立場よりもまず、相手の立場を考えなければなりません。問題には、それに関与する人が複数いるものです。問題の種類にもよりますが、お客さん、上司や部下、設計者、製作者、販売者、経営者など、さまざまな人がその問題に関わっているものです。相手の立場で考えることで、改善点や解決手段が広がります。

　では、相手の立場で考えるとは、どのようなことをいうのでしょうか。**文字どおり、相手の立っている場所で考えることです。**

　たとえば、お店で商品を売ることを考えてみてください。商品の並べる順、位置、量、見せ方、そして店内の動線、視線などはとても大切な要素です。それらを相手の立場で考えるとはどのようなことでしょうか。答えは単純です。あなたがお客さんになるのです。それも、一時的なお客さんではありません。本当に、お客さんになるのです。物理的に無理な場合でも、想像してみてください。このことを「想いを馳せる」といいます。

　炎天下、あちこちのお店を回り、いくつかの買物袋をぶら下げて、やっと入ったお店で、お客さんがどのような気持ちになるのかについて、想いを馳せてみてください。お店にど

図2-2｜価値向上の5原則

- 使用者優先の原則
- 機能本位の原則
- 創造による変更の原則
- チームデザインの原則
- 価値向上の原則

出典：日本バリュー・エンジニアリング協会

んなことを望み、何を期待するでしょうか。もしかしたら、通路が狭いかもしれません。店員の視線が気になるかもしれません。温度や音が気になるかもしれません。そこまでして、はじめて相手の立場になったことになるのです。

私が歩道橋の設計をしていた頃、上がりやすい階段を求めて、あらゆる階段を上がったり降りたりしました。また、年寄りになったり、荷物を持ったり、子供がいたり、人と話していたりと、いろいろな状況を想像しながら、いろいろな人に想いを馳せて階段の寸法を決めました。

ヒント2　機能の視点で考える（機能本位の原則）

問題となっている「モノ」そのもので考えるのではなく、それが持っている機能で考えてみましょう。

あなたが今やろうとしていることは、使用者に対して何を提供しているかについて、しっかりととらえておかなければなりません。あなたが提供している「モノ」は、「モノ」そのものでも「コト」そのものでもありません。その「モノ」や「コト」を通して、機能を提供しているはずです。効用や役割を提供しているはずです。

たとえば、タクシーを考えてみましょう。

- タクシーのお客さんはなぜ、電車やバスを使わずにタクシーを選ぶのでしょうか?
- 高い料金を払って何を購入したのでしょうか?

「モノ」で考えるのなら、ドライバーの賃金や車両、ガソリン代の一部を負担していると考えるでしょう。しかし、機能で考えてみると違ってきます。お客さんは「楽に移動したい」「早く移動したい」「他人と関わらずに移動したい」などの機能を得る対価として、タクシー料金を払うのです。**つまり、機能を購入しているのです。**

機能を求められているということは、機能本位に考えていくことがもっとも単純で、理にかなっているということです。これこそが、他の技法には見られないファンクショナル・アプローチの特徴的なところです。

ヒント3 過去ではなく未来で考える（創造による変更の原則）

解決へのヒントは、過去ではなく未来にあると考えます。「過去の再現化」ばかりでは、いつまでたってもワンランク上の問題解決になりません。未来のあるべき姿をイメージして、そこから逆算して考える、すなわち「未来の具現化」を行いましょう。クリエイティブにアイデアを生み出していくことが大切です。

あなたは朝の通勤ラッシュを経験したことがありますか？　都心の通勤ラッシュは、電車も道路も、たいへん混雑しています。この問題を解決することを考えてみましょう。

「過去の再現化」で考えてみると、電車の増便、鉄道の立体化、代替交通手段、出勤時間の変更などが思い浮かぶでしょう。でもこれらはすべて、過去にとられた手段をもう一度考えているだけに過ぎません。

では、「未来の具現化」で考えるとどうなるのでしょうか。理想的な通勤状態をまずイメージします。渋滞のない道路、信号のない道路、いつも座れる電車、会社まですぐに着くことができて、遅れることもない状態です。

瞬間移動でもできないかぎり、このような夢のような通勤を手にすることは不可能でしょう。しかし、この「理想の状態」を現実的な手段に具現化していくことが重要です。

たとえば瞬間移動はできなくても、バーチャルの世界でなら可能です。自宅にいながら、オンラインで出社し、オンラインで朝礼をし、オンラインで会議に参加し、オンラインで事務手続きをして、本当に外出します。これなら現実味を帯びてきますよね。

このように、過去のものを現在のレベルまで押し上げるのではなく、一度理想的な未来を思い浮かべ、そこから、現在可能なレベルまで引き下げて考えるのです。

ヒント4　メンバーとともに考える（チームデザインの原則）

メンバーとともに考えるということは、スポーツにたとえれば、野球のようなものです。一人で野球の試合に出て、勝てるはずがありません。どんなにスーパー選手であっても、能力には限界があります。そこでメンバーが互いに補完しあうことによって、はじめて試合に勝つことができるのです。

問題解決も同じです。すべてを自分で考えてアイデアを発想しようとしても、良い知恵はなかなか生まれてきません。あなたが考えたことをメンバーに伝えることが、メンバーへの刺激となり、そしてメンバーが頭をひねって考えついた意見が、あなたの発想の刺激となります。この繰り返しが発想を広げ、深めていくのです。

ヒント5　価値を高めることを考える（価値向上の原則）

価値とはつまり、あなたが行っている「モノ」や「コト」の価値のことです。より価値

図2-3｜価値向上＝
少ないインプットで多くのアウトプットを得ること

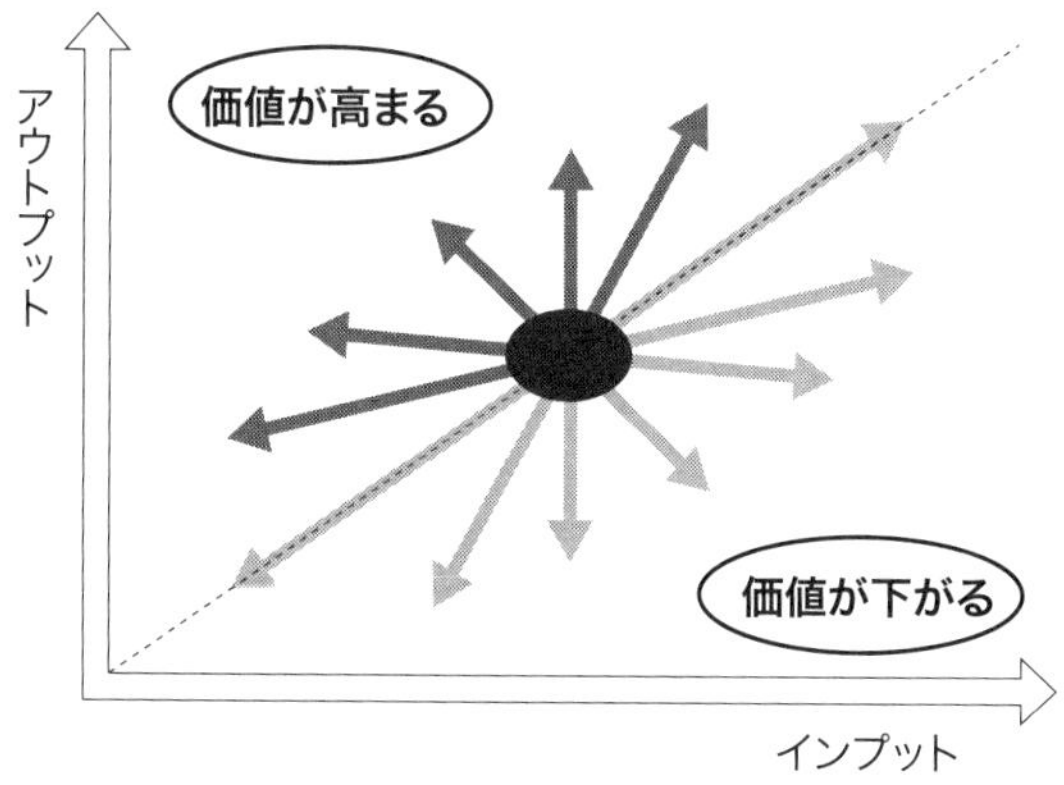

の高いものを提供することを考えていくということです。

では、価値を具体的にどうやって測ればよいのでしょうか？　それは「何を投入しているか」、そして「その結果、どのような効果を得られるのか」という2つの観点から考えます。前者のことをインプット、後者のことをアウトプットといいます。

たとえば、あなたが会議の運営を任されたとします。できるだけ時間と手間をかけずに会議を運営したいと考えたとき、インプットはあなたの「時間」と「手間」となります。一方、アウトプットは「会議の成果」になります。そして、価値は、アウト

プットをインプットで割った値で表現されます。式で表すと、

価値＝アウトプット÷インプット

となります。価値を高めるためには、少ないインプットで、より多くのアウトプットを得ることです。そこには、いくつかのパターンが考えられます。

図2－3を見てください。今の状態を中央の楕円と考えたとき、価値を高めるためには、左上のエリアに変化させれば良いわけです。

会議の例でいえば、このようになります。

・時間と手間を減らして、会議の成果を良いものにする。
・時間と手間を変えることなく、会議の成果を良いものにする。
・会議の成果を変えることなく、かける時間と手間を減らす。
・少々時間と手間がかかるが、会議の成果を数段良いものにする。
・会議の成果の不必要な部分を取り除き、代わりに時間と手間を大きく減らす。

◇

ここまで紹介してきた5つの原則をヒントに取り組めば、確実にワンランク上の問題解決が近づいてきます。

3 「準備↓分解↓創造↓洗練」の手順で考える

ファンクショナル・アプローチは、問題解決における「改善点の発見」と「解決手段の創造」を同時に実現する方法です。しかも細かなステップが用意されており、それぞれのステップにしたがって進めていくことで、最後にはワンランク上の問題解決ができているというものです。

基本的なステップは、「準備↓分解↓創造↓洗練」です（表2-4）。このステップは、ファンクショナル・アプローチの創始者であるローレンス・D・マイルズによるものです。これらのステップは、いくつかの技法を有機的に組み合わせたもので、全体として特色ある問題解決のアプローチ・システムを提供しているといえます。

ファンクショナル・アプローチを使えば、困難と思われるような問題でも、ワンランク

表2-4｜ファンクショナル・アプローチ4つのステップ

ステップ1 準備	ツールの準備
	問題の理解
	問題の分解
ステップ2 分解	ファンクションの定義
	ファンクションの整理
	キー・ファンクションの抽出
	リソースとパフォーマンスの測定
	アプローチ・チャートの作成
ステップ3 創造	アイデアの発想
	アイデアの整理
ステップ4 洗練	アイデアの練り
	アイデアの組み合わせ
	価値の確認
	効果の評価

上の解決が可能となります。なぜなら、問題解決の原理にのっとっているからです。
4つのステップをざっと見ていくことにしましょう。

ステップ1 準備……ツール、心構え、手順、対象を確認する

ステップ1は、この章にあたりますので省略します。

ステップ2 分解……問題を含む全体をファンクションに分解し、再構築する

ステップ2は、分解の段階です。問題となっている対象そのものを構成しているパーツに細かくばらし、それぞれのパーツに対して、存在しているファンクションをいくつか定義していきます。

ここまでくると、対象は細かく分解されているため、全体像を意識できなくなります。ばらばらになったファンクションを整理すると、本当に提供しなければならないもの、すなわち本質が見えてきます。

詳細ステップは、次のようなものです。

- **ファンクションの定義**（《名詞＋他動詞》でファンクションを表現する）
- **ファンクションの整理**（目的と手段の関係でロジックツリーを作成する）
- **キー・ファンクションの抽出**（キーとなるファンクションを選び出す）
- **リソースとパフォーマンスの測定**（現在の状態をリソースとパフォーマンスで測定する）
- **アプローチ・チャートの作成**（改善点がどこにあるのかを判定する）

ステップ３　創造……ファンクションを発想の原点にし、アイデアを創造する

ステップ３は、創造の段階です。「モノ」や「コト」から創造するのではなく、ファンクションから創造するのがポイントです。まず、いくつかのキー・ファンクションを評価し、改善点を絞り込みます。そして絞り込んだ改善点に対し、アイデアを創造していきま

す。

- **アイデアの発想**（ブレインストーミングなどによってアイデアを発想する）
- **アイデアの整理**（付箋紙を使ってアイデアを分類・整理する）

ステップ4　洗練……創造されたアイデアを評価しながら磨きあげる

ステップ4は、洗練の段階です。たくさんのアイデアを粘り強く、丹念に磨きあげる作業をします。アイデアのままでは現実的ではありませんが、洗練することにより、ワンランク上の問題解決を手にすることができるのです。

- **アイデアの練り**（アイデアの欠点を克服し、利点を伸ばしていく）
- **アイデアの組み合わせ**（いくつかのアイデアを組み合わせ、さらに優れたアイデアに

する）

- **価値の確認**（組み合わせたアイデアで確実に価値が向上するかを確認する）
- **効果の評価**（実際に効果が上がっているかどうかを評価する）

これらの4つのステップは、前章の5大原則とあいまって、より効果的な結果を引き出します。それぞれが関連しあっているもので、まさに、有機的に影響しあっています。

4 解決すべき対象（テーマ）をあらためて認識する

さて、ここまでで段取りができました。次に行うのは、問題となっている対象の確認です。問題となっている対象（テーマ）を明確に認識する必要があります。

普通の人は、意外とあいまいな認識のままに問題を解決しようとするものです。しかし、対象に対する十分な認識がなければ、ワンランク上の問題解決はできません。

解決すべき対象は、「モノ」であったり「コト」であったりします。

「モノ」とは、消費材、構造物など、生産されたもの、かたちのあるものです。モノの場合、「部材」や「部品」などのパーツごとに見ていくことで、より詳細に確認ができます。

「コト」とは、生産されないもの、かたちのないものをさします。具体的には組織、作業、業務、活動、行為などです。コトの場合は、「プロセス」や「時間」「空間」などをパーツと考えて見ていくと、わかりやすくなります。

これらのテーマに対して、次のような観点で現状を確認していきます。

- **パーツに関すること**（何で構成されているか、どのようなプロセスか？）
- **関与者に関すること**（誰が顧客か、誰が使用者か？）
- **要求に関すること**（どのような役割が必要か？）
- **問題・制約に関すること**（どのような問題が発生しているか、制約があるか？）
- **投入資源に関すること**（コストや時間をどのくらい費やしているか？）

これらを確認するために、次のような質問を投げかけながら進めていきます。そして、それらをシートに記録し、誰もがテーマを理解できるようにします。文章化することもひとつの方法です。箇条書きでもかまいません。個々の関係がわかるように図式で表すことも可能です。

気をつけるべきは、当たり前のことであっても小さなことであっても、肝心なところを見落とさないようにすることです。

「これは、何か？」

「何をするものか？」

「どんなパーツで構成されているのか？」

「どんな働きがあるのか？」

「だれの満足を得るものか？」

「いくつのプロセスに分かれているのか？」

「どのような要望が出ているのか？」

「問題点や課題はどこにあるのか？」

「どんな制限や制約があるのか？」

「いくらの費用がかかっているのか？」

「どれくらいの時間をかけているのか？」


ふたたび、会議の運営を例に考えてみましょう。「会議の運営とは何をすることか」という問いかけで、図2-5のような文章を作成します。この文章は、「会議の運営」のこ

図2-5｜サンプルテーマ「会議の運営」

●上司から会議の運営を指示されたので、どんな会議で誰が集まるのか、何時ごろに開催するつもりかを質問した。

●参加予定者のスケジュールを調べ、会議の日程を選び、会議室の空きを確認した後、予約を入れた。

●会議開催の案内資料をつくり、参加予定者にメールで送信し、会議資料の作成担当者に、内容と期限を伝えた。参加予定者から出欠回答が来たので整理し、上司に報告した。

●会議資料を参加人数分を用意し、開催時間の15分前に会場に入って、テーブルと机の配置を整え、資料を配布しておいた。

●会議が始まり、出席者を確認し、コーヒーを手配した。会議の内容を記録し、翌日、議事録にまとめ、関係者にメールで送信した。

とについて知らない人でも読めばわかるような内容でなければなりません。当たり前のことを見逃さないことです。細かなところまですべて書き出すことが大切です。

「会議の運営」というのは、どこの企業でも、あるいは企業でなくても、あらゆるところで日常的に行われているものです。しかしこれらの質問は、一般的な会議について論じているのではありません。ここで問うているのは、今、あなたがしているやり方についてなのです。あなたが今行っている、あるいは行おうとしている「会議の運営」の方法に対して、その構成、手順、作業、要望、課題、制約などを確かめていきます。

この作業をおろそかにすると、要望に沿わない結果になったり、制約を無視した結果になったりします。十分な時間をかけて、今していることに、しっかりと焦点を当てていくことです。メンバーがいると、この作業はとてもやりやすくなります。見落としや思い違いなどが、質問されることではっきりしてくるからです。

5 対象（テーマ）をパーツに分解する

テーマが認識できれば、それを構成しているパーツに分解します。個々のパーツに分けることで、それぞれの意図を引き出しやすくするためです。分け方は、テーマにもよりますが、コスト、時間、空間、ファンクションなどのまとまりの単位で分けていきます。

テーマが「モノ」であれば、部品単位で分けていきます。「アイロン」だったら、「プレート」「ヒーター部」「電源コード」「ハンドル」「給水タンク」「スイッチ」「温度ヤンサー」「本体」などとなります。

テーマが「プロセス」であれば、工程単位で分けていきます。「お客さんとの商談」だったら、「準備」「アポイント」「客先へ移動」「面会（商談）」「会社へ移動」「記録と報告」

「正式な契約手続き」「客先への連絡」などとなります。

テーマが「スペース」であれば、空間単位で分けていきます。「喫茶店」であれば、「入り口」「レジカウンター」「商品ディスプレイ」「テーブル席」「調理場」「洗い場」「ストック」「事務室」などとなります。

テーマが「時間」であれば、時間の使い方単位で分けていきます。「自分の一日」であれば、「起床から出社まで」「出社から昼休みまで」「昼休みから退社まで」「退社から帰宅まで」「帰宅から就寝まで」などといったものです。


これらは、あくまで一例です。あなたの今のテーマに合わせて、分解の仕方を調整してください。前章のサンプル「会議の運営」では、「上司に質問」「会議の計画」「事前に準備」「会議を開催」「事後処理」の5つの構成パーツに分けることができました（図2－6）。

図2-6｜「会議の運営」の構成パーツ

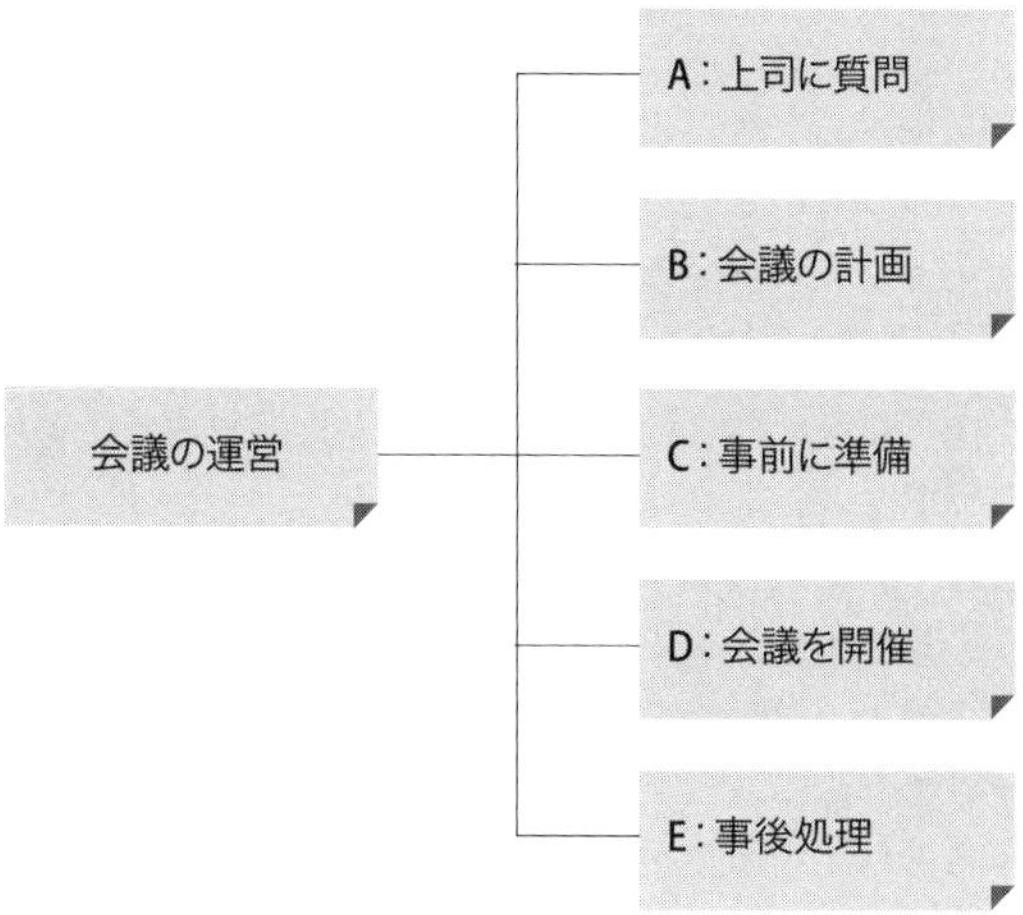

column

ファンクショナル・アプローチの誕生

ローレンス・D・マイルズは、GE社の設計部門に就職しました。周りのエンジニアを見て、「なぜ皆はモノが果たす機能のことばかりで、どれくらいお金がかかっているか気にしないのだろう？」と不思議に思っていたそうです。

数年経ち、彼は購買部門に配属が変わりました。周りの先輩を見て、「なぜ皆はモノのお金ばかりで、果たす機能を考えないのだろう？」と不思議に思っていたそうです。

当時、第二次大戦中の真っただ中であり、国中で資材が不足する中、次々と製造しなければならない状況下で、彼は、早急に必要な材料を調達するために工場を駆けずり回っていました。

ふと彼は、持っている仕様が何の機能を果たしているのかも知らずに、この仕様書を工場へもって行っても仕方ないと考えました。

もし、作る製品が何をするためのものかがわかっていたら、それを実行するための方法を見つけることができ、様々なケースに役立てるのはずだと気がつきました。

彼は、そのことを上司に言うと、数ヶ月後、副社長の下で新しい調達手段を研究する機会を得ました。そして、生まれたのが「ファンクショナル・アプローチ」です。

第3章

実践

ファンクショナル・アプローチ

Step2 分解

1 分解したパーツを「名詞＋他動詞」で表現する

ここでは、分解したパーツからファンクションを抽出します。ファンクションとは、役割であり、意図であり、効用です。そのパーツが存在している理由のようなものです。まずそれぞれのパーツに対して、次のような問いかけをするといいでしょう。


「その機能は何か？」

「それはどんな働きを果たすのか？」

「どのような効用があるのか？」

「何の役割があるのか？」

「どのような意図があるのか？」

それぞれのパーツの特徴をよく見てください。なぜ、そのような特徴を持っているのでしょうか？　形状にしても、色彩にしても、配置や組み方、動き、言葉などあらゆるアクションも含めて、そこには何らかの「意図」があるはずです。自然発生的なものでないかぎり、人の意図があるからです。

ここで、ファンクションを「名詞＋他動詞」で表現します。ここが重要です。必ずこのルールで表現します。具体的には、次の言葉に当てはめるように考えていきます。

《〜を〜する》（本書では以降、ファンクションを《　》で表現します）

名詞は具体的な言葉を、動詞は他動詞で抽象的な言葉を、それぞれ選びます（図3-1）。

なぜ名詞を具体的にするかというと、機能を絞り込むためであり、計測可能にするためです。目に見えるもの、数えられるものなど、固有の名称を用います。

動詞をなぜ他動詞にするかというと、他に対して作用を及ぼすことを表現するためです。

また、なぜ抽象的にするかというと、人の感情や作業の方法などを限定したり示唆したりすることを避けるためです。抽象化すればするほど、本質に近づきます。

図3-1｜他動詞の例

和える	収める	加える	すぼめる	つなげる	伸ばす	丸める
明かす	教える	消す	ずらす	強める	延べる	回す
開ける	落とす	削る	育てる	連ねる	はじく	見せる
上げる	及ぼす	焦がす	備える	釣る	始める	満たす
預ける	折る	越す	背ける	照らす	離す	乱す
与える	下ろす	擦る	染める	通す	はめる	導く
暖める	返す	こなす	揃える	溶かす	晴らす	見る
集める	変える	込める	平らげる	解く	張る	向ける
荒らす	換える	肥やす	倒す	どける	浸す	めくる
改める	欠く	凝らす	高める	届ける	冷やす	戻す
現す	隠す	壊す	炊く	整える	開く	燃やす
生かす	かける	遮る	蓄える	飛ばす	広げる	漏らす
炒める	重ねる	裂く	足す	止める	広める	焼く
癒やす	貸す	下げる	出す	取る	塞ぐ	砕く
入れる	固める	支える	助ける	直す	ふやかす	破る
植える	枯らす	刺す	立てる	流す	増やす	被る
浮かす	絡める	授ける	貯める	慣らす	振るう	やめる
浮かべる	乾かす	誘う	縮める	鳴らす	震わす	和らげる
受ける	交わす	定める	散らかす	濁す	ぼかす	茹でる
動かす	聞く	冷ます	散らす	煮る	ほぐす	揺らす
移す	決める	沈める	費やす	脱がす	干す	緩める
埋める	供する	示す	使う	抜く	ほどく	容易にする
売る	清める	閉める	継ぐ	ぬるめる	舞う	良くする
えぐる	切らす	じらす	作る	寝かす	負かす	汚す
終える	切る	知る	付ける	捻る	まくる	横たえる
遅らす	崩す	据える	伝える	逃がす	曲げる	湧かす
起こす	暮らす	進める	続ける	のける	混ぜる	分ける
抑える	くるむ	捨てる	勤める	残す	まとめる	割る

いくつか例を挙げてみましょう。

【アイロン】↓《熱を伝える》《圧力を伝える》《温度を上げる》《電流を流す》《操作を容易にする》《水を蓄える》《電流を流す》《温度を定める》《温度を知る》《部品をまとめる》《見た目を良くする》……

【お客さんとの商談】↓《資料を揃える》《訪問を伝える》《時間を定める》《場所を移す》《資料を示す》《意向を知る》《約束を交わす》《訪問記録を残す》《約束を固める》《感謝の意を伝える》……

【喫茶店】↓《人を導く》《中を見せる》《注文を知る》《商品を伝える》《購買を誘う》《スペースを供する》《商品を作る》《汚れを取る》《材料を蓄える》《管理を助ける》……

また、他にも表現するうえで、注意しなければならないものがあります。次のような表現は使いません。

・**否定形を使った表現……**例《クレームを出さない》《怪我をしない》
・**提供者の希望を表した表現……**例《コストを下げる》《満足を得る》
・**複数のファンクションをまとめた表現……**例《組織を維持する》《市場を確保する》

大切なのは、あくまでそのパーツが使用者に対して果たそうとしているファンクションを定義することです。あなたが考えるべきは、パーツに与えられている任務です。それ以上のものを考える必要はありません。与えられている任務のみに注目し、それをすべて出していくことです。

「会議の運営」は、図3-2のように定義してみました。もっと定義していくこともできますが、ここでは簡単にしておきます。ちなみに、私が公共事業をテーマにファンクションを定義するときは、複雑なテーマのときなどは、200や300のファンクションが出てくることもざらです。

この要領で、あなたが抱えているテーマに対してファンクションを定義していきます。

図3-2｜「会議の運営」のファンクション

上司に質問	指示を受ける 議題を知る 参加者を知る 開催時期を知る
会議の計画	参加者の予定を調べる 開催日を決める 会議室の空きを調べる 会議室を押さえる
事前に準備	案内資料を作る 開催を知らせる 会議資料を作る 出席人数を調べる 参加状況を伝える
会議を開催	会議資料を整える 机を整える 出席者を知る コーヒーを配る 会議内容を残す
事 後 処 理	会議内容を整える 会議内容を伝える

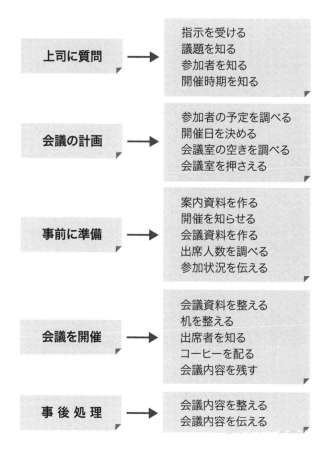

2 付箋紙を使ってファンクションを整理する

次に行うのは、ファンクションの系統的な整理です。整理には付箋紙を使います。付箋紙なら、貼り付けて固定することもでき、はがして貼り直すことも簡単だからです。

付箋紙を使った整理方法は、いろいろとあります。原因結果型、目的手段型、構成要素型などです。ファンクショナル・アプローチでは、目的手段型のロジックで、FAST（ファスト、Function Analysis System Technique）ダイアグラムとよばれるツリーを作成します。これは機能系統図ともいいます。

FASTダイアグラムは、1965年の米国VE国際大会でチャールズ・バイザウェイにより発表された画期的な手法です。その後さまざま改良が加えられ、今日に至っていま

図3-3｜FASTダイアグラムのイメージ

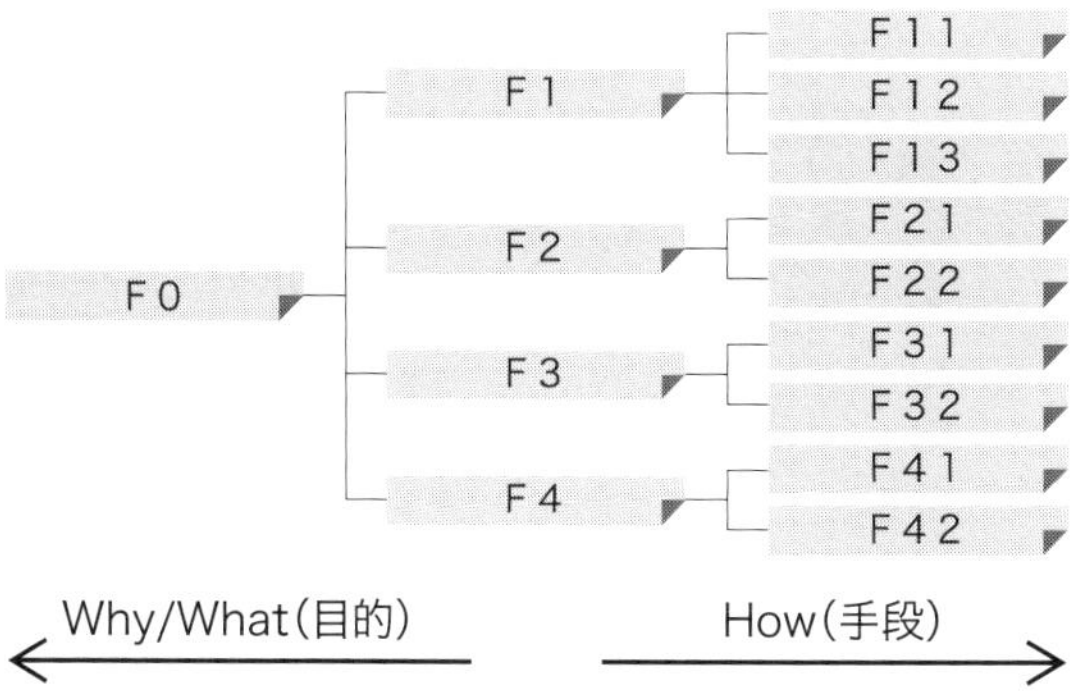

図3-4｜上下方向でタイミングを表す

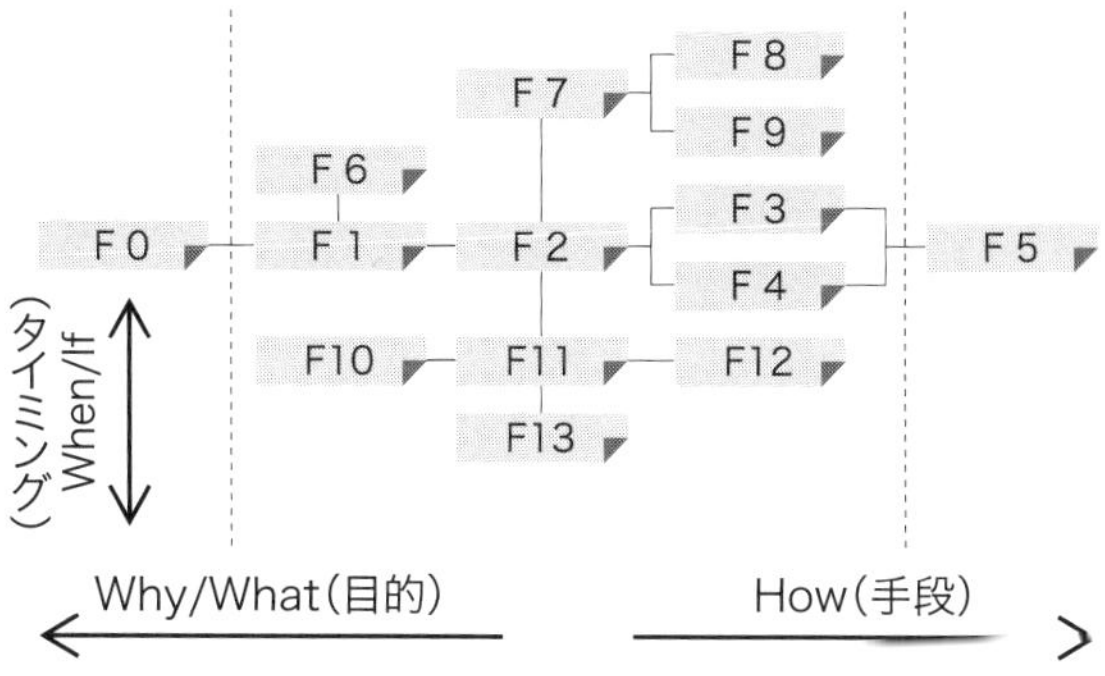

す。FASTダイアグラムは原則的に、左に行くほど目的を、右に行くほど手段を示しています（図3-3）。本格的なダイアグラムになると、上下方向でタイミングを表すものもあります（図3-4）が、ここでは前者で説明します。

手帳1　ファンクションを付箋紙に書く

まず、あなたが行うことは、各パーツから定義したファンクションをひとつずつ付箋紙に書き写していくことです。それぞれ、どのパーツから出たファンクションかがわかるように、記号をつけるか、付箋紙の色を変えておくといいでしょう。

すべて書き出したら、その付箋紙は、机や壁などの少し広めのスペースに貼っておきましょう。これを使って、FASTダイアグラムを作成していきます（図3-5）。

手帳2　任意のファンクションを手にとる

次に、何も考えずに任意のファンクションを1枚とります。先入観やあなたの意思を入

図3-5｜ファンクションを付箋紙に書く（手順1）

図3-6｜任意のファンクションを手にとる（手順2）

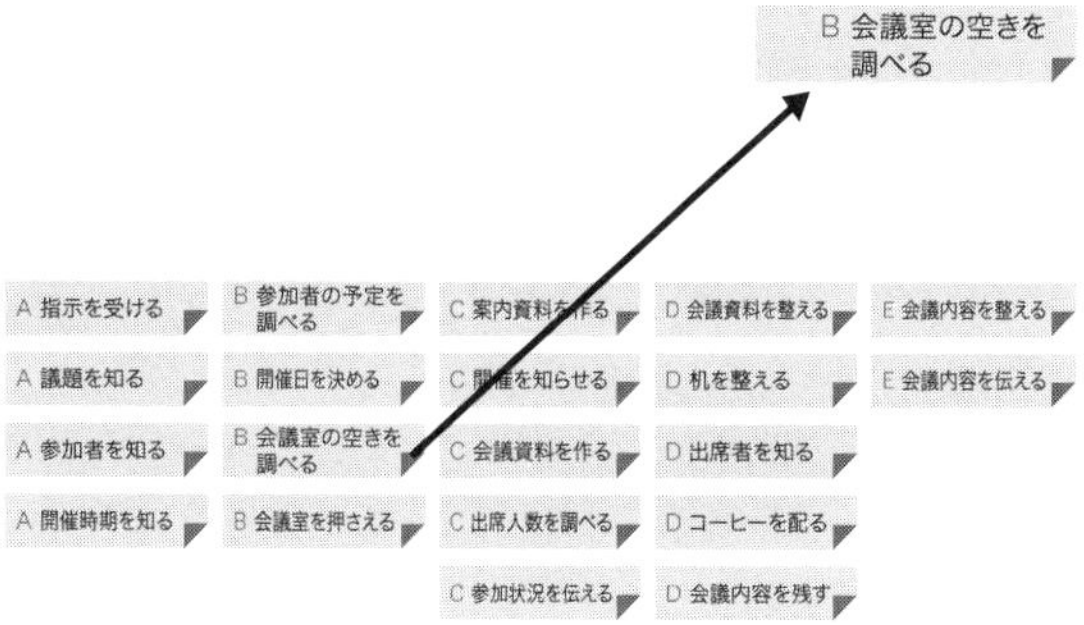

れないのがポイントです。人の脳は放っておくと、勝手にあれこれ考え出してしまいます。そうなる前に、えいや！と、適当に目についた付箋紙を手にとります（図3―6）。

ここでは、付箋紙に《会議室の空きを調べる》と書いてあったとします。

手帳3 そのファンクションの目的を探す

付箋紙に書かれたファンクションを読みあげたら、次にすることは、その目的に相当する上位ファンクションを探すことです。上位ファンクションを探すときには、次のような質問をしていくと見つかりやすくなります。


「それは、何のためか？」

「その上位機能は何か？」

「何をするために、それが必要なのか？」

「何が、それを生じさせているか？」

「それを機能させて、達成したいことは何か？」

図3-7｜そのファンクションの目的を探す（手順3）

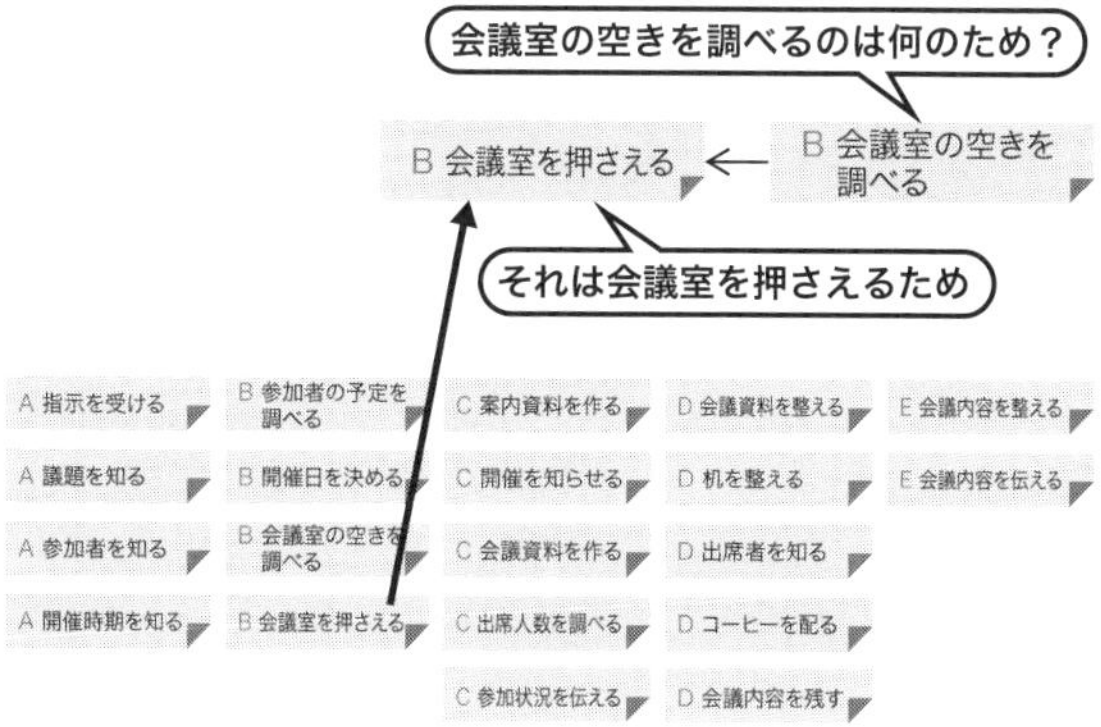

これらの質問の答えとなるようなファンクションが見つかったら、その付箋紙を先ほどの付箋紙の左側に貼り付けます。もし、該当するファンクションがなければ、自分で追加していくことができます。追加するときは、定義したときと同じように《～を～する》のルールに従って定義します。

《会議室の空きを調べる》という付箋紙を取り上げましたので、質問は「会議室の空きを調べるのは、何のため？」となります。そしてその答えが「それは会議室を押さえるため」であることが判明したので、《会議室を押さえる》という付箋紙を左側に貼り付けました。

手帳4　上位ファンクションを確認する

いかがでしょう、見つかりましたか？

慣れないうちは、本当にこれで良いのか不安なものです。そこで確認をします。先ほどは左に向かって進みましたが、ここでは、右に向かって進みます。そして、同じように質問を投げかけていきます。

上位ファンクションを《A》、下位ファンクションを《B》として、次の質問に当てはめて問いかけてください。

「もし《A》が必要なくなれば、《B》も必要なくなるか？」
「《B》は、《A》の達成に役立っているか？」
「もし《B》が機能しなければ、《A》はまだ機能しないか？」

この問いかけに違和感を覚えた場合は、［手順3］の選択が間違っている可能性があり

図3-8｜上位ファンクションを確認する(手順4)

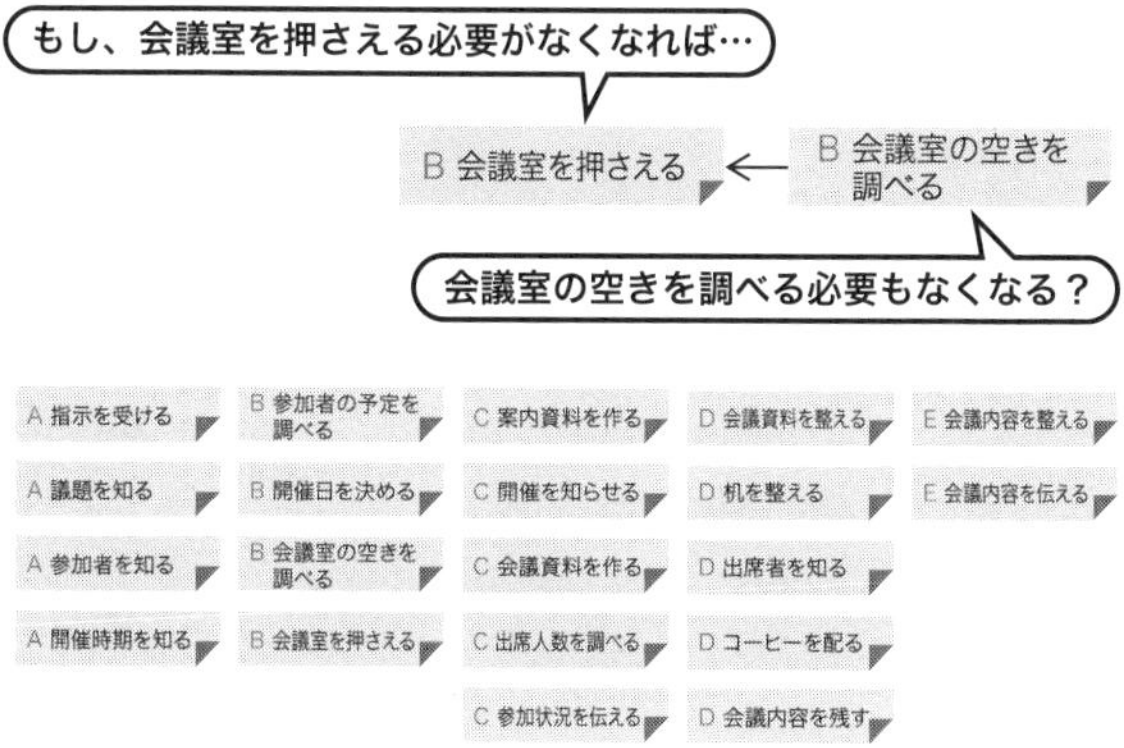

ますので、［手順3］に戻って別のファンクションを探してみましょう。

違和感がなければ、この2枚の付箋紙に書かれたファンクションの上位と下位の関係が確定したことになります。つまり、左が目的で右が手段であることがはっきりしたということです。質問は、このようになります。

「もし会議室を押さえる必要がなくなれば、会議室の空きを調べる必要もなくなるか？」

「会議室の空きを調べることは、会議室を押さえることの達成に役立っているか？」

このロジックが理解できれば、ファンクショナル・アプローチを理解したようなものです。いかがでしょうか。最初は難しいかもし

図3-9｜さらに上位ファンクションを探す（手順5）

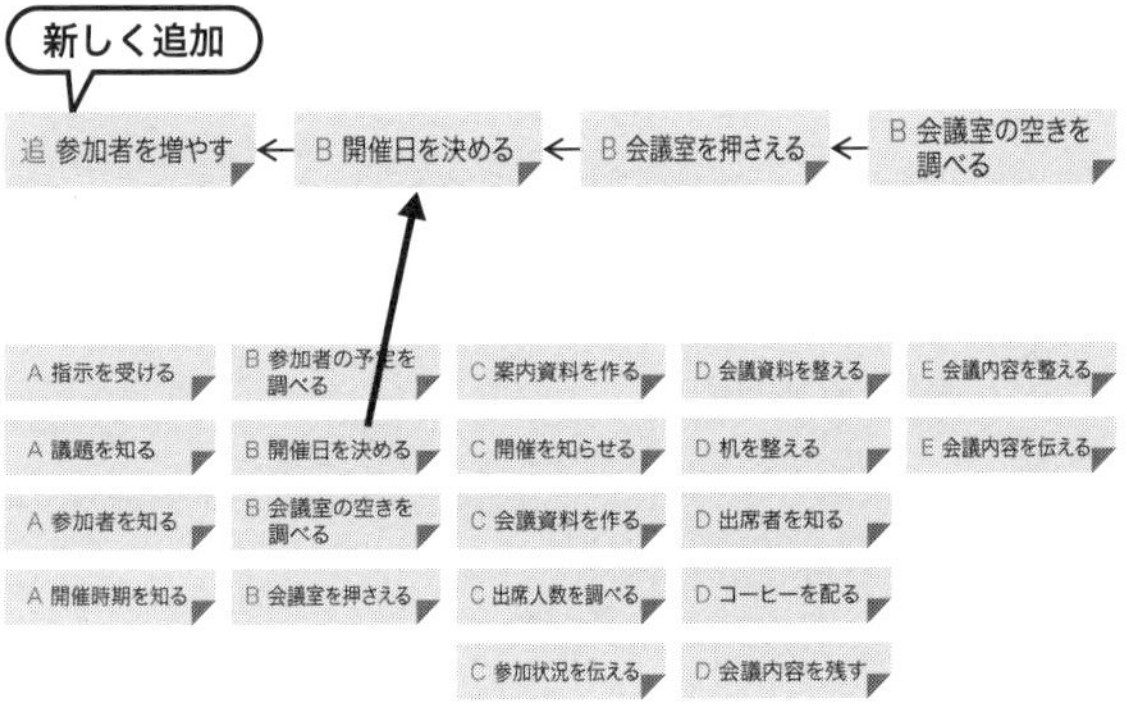

れませんが、とても重要なところなので、しっかりと理解してください。

手帳5 さらに上位ファンクションを探す

確認ができたら、その上位ファンクションのさらに上位のファンクションを探します。つまり、［手順3］と［手順4］の作業を繰り返していくのです。そうすると、一列のファンクションのつながりが完成します。

どこまで進めるかというと、改善の範囲を超えるようなファンクションが出てきたなと思ったら、止めてください。

「会議室を押さえるのは、何のため？」

「それは、開催日を決めるためです」
「では、開催日を決めるのは、何のため？」
「それは、参加者を増やすためです」

最後の質問で、《参加者を増やす》が定義されていなかったので、新しく追加しました。

このように、上位のファンクションを次々と考え、なければどんどん追加していきます。

そして［手順4］の確認も忘れずに行っておきましょう。

手帳6　残りのファンクションをすべて関連づける

ここでまた［手順2］に戻ります。もう一度同じように、任意の1枚をとり、そのファンクションを考えるのです。そして［手順3］［手順4］［手順5］と進めていきます。

進めていくうちに、すでに出来上がっているファンクションのつながりの中に上位ファンクションが見つかることがあります。このときは、そこで分岐させるようにつなげてください。その上位ファンクションは、2つの下位ファンクションを手段としているということがわかります（図3‐10）。

残りのファンクションが何かと関連づけられたでしょうか？　もし、上位ファンクションの見つからないファンクションがあれば、それは「無駄なファンクション」かもしれません。取り除いても何も損なわれない可能性もあります。もしそうであれば、すぐに取り除きましょう。

手帳7　全体をひとつにまとめる

この時点で、あなたのＦＡＳＴダイアグラムはどのようになりましたか？　ひとつにまとまっているでしょうか？　多くの場合は、まだいくつかの系列がある状態のままになっていて、まだひとつにまとまるまでには至っていません。

そこで、それらの系列をひとつにまとめるようなファンクションを新たに追加します。これが、最上位ファンクションと呼ばれるものです。最上位ファンクションは、テーマの果たす内容そのものであることがほとんどです。

図3-10｜残りのファンクションを全て関連づける（手順6）

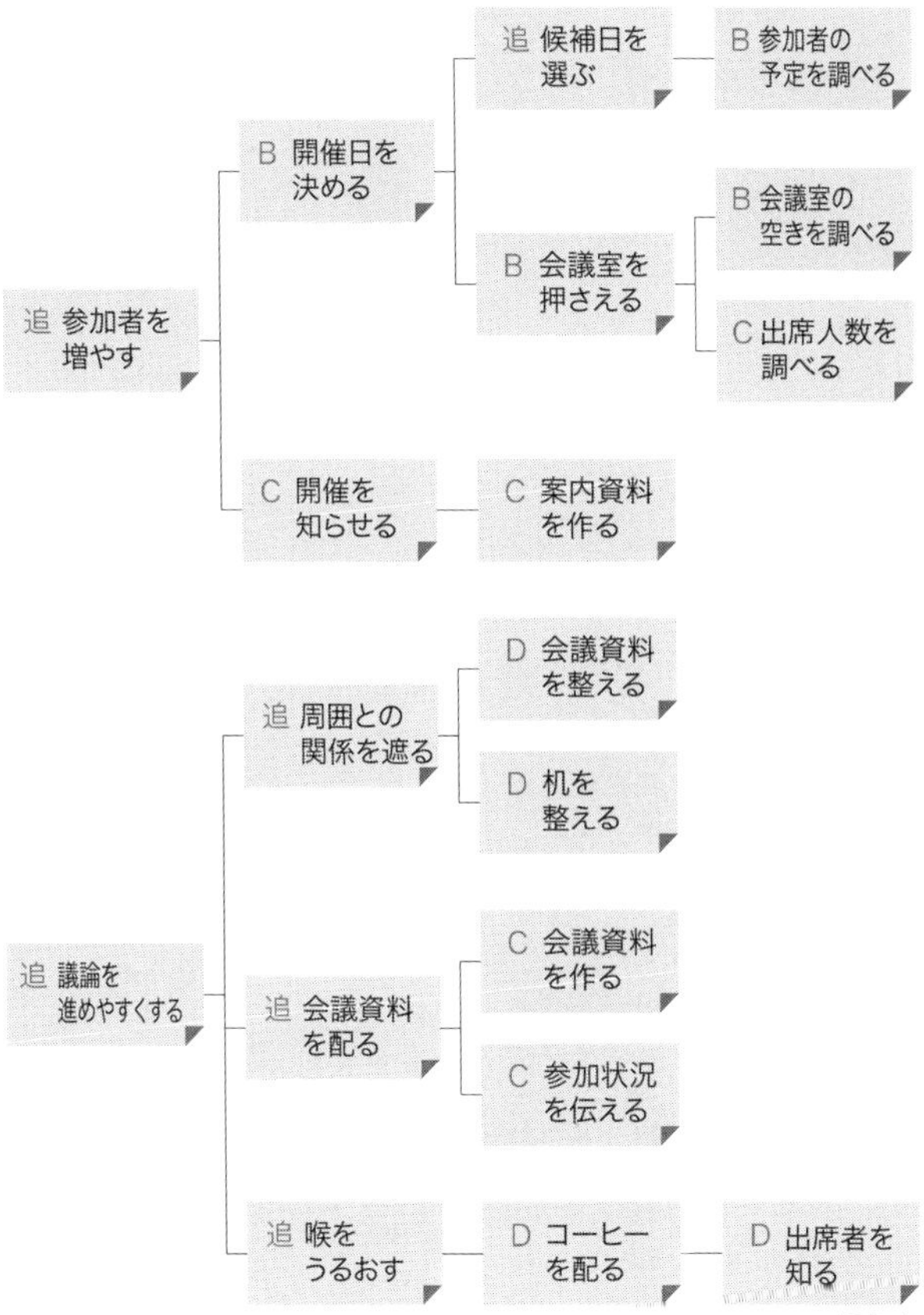

※一部省略

会議の運営の例では、4つの系列《内容を把握する》《参加者を増やす》《議論を進めやすくする》《議論を活かす》にまとまりました。そうしたら、次は、それらをひとつにまとめる最上位ファンクションを考えます。これら4つのファンクションを達成することで、最終的にどのような役割を果たそうとしているのかを考えてみましょう。その結果、**《結論を有効にする》**ということが判明しました（図3-11）。

手帳8　不足ファンクションを追加する

ようやく完成しました。しかし、まだ十分ではありません。定義もれがあることもあります。そこで、もう一度完成したFASTダイアグラムを見直してみます。

確認の方法は、ファンクションの手段を見ていくことです。問いかける質問は、次のようなものです。上位ファンクションを《A》、下位ファンクションを《B1》《B2》とします。もし、不足ファンクションが見つかれば新たに追加します。

「《A》を達成させるために必要なものは、《B1》と《B2》だけでいいか？」

図3-11｜全体をひとつにまとめる（手順7）

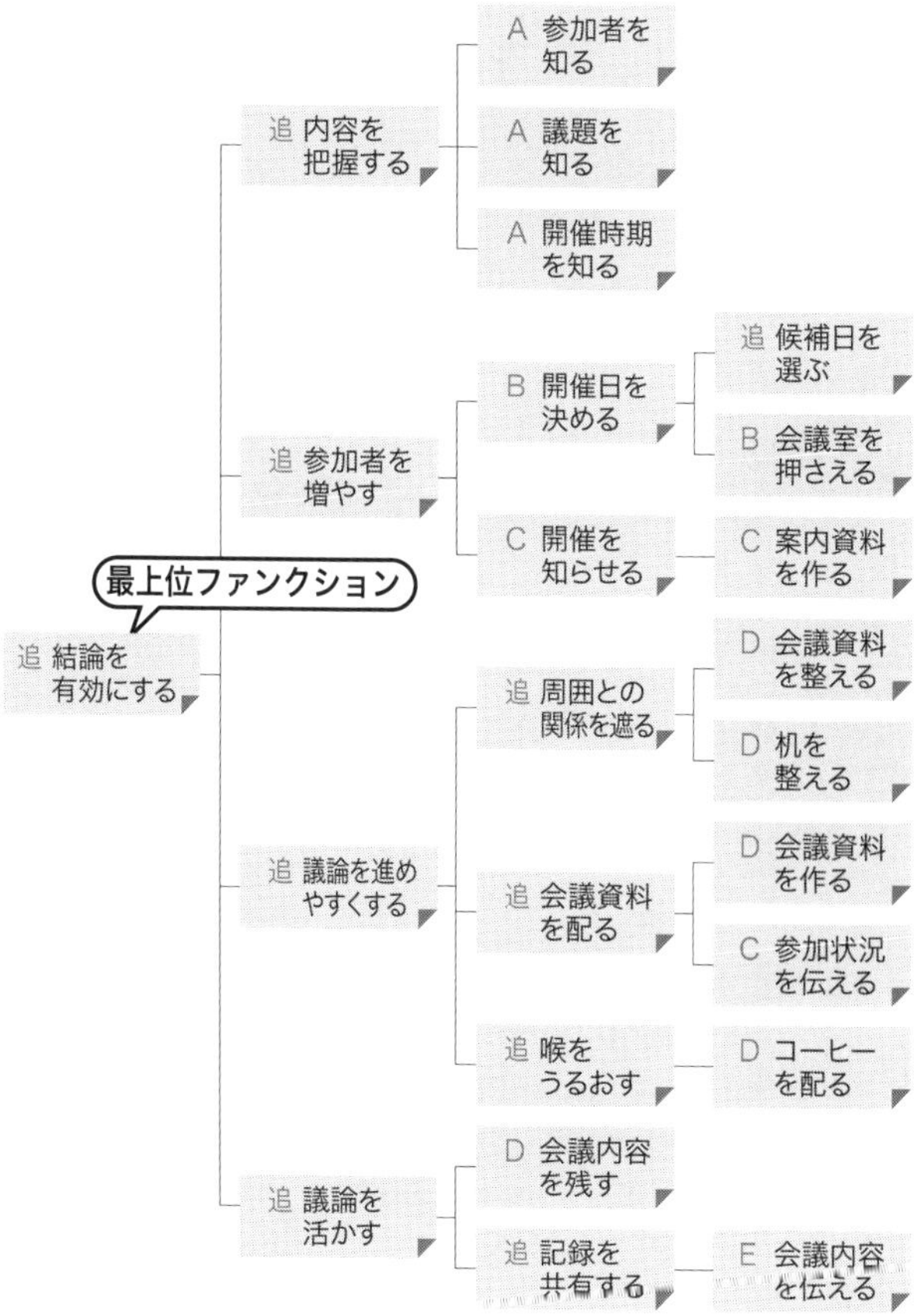

※一部省略

「《B1》と《B2》だけで、《A》を達成させることができるか？」
「《A》を達成させるために、ほかに必要なものがあるとすれば何か？」

実際の質問は、このようになります。

「議論を進めやすくすることを達成させるために必要なものは、周囲との関係を遮り、会議資料を配り、喉をうるおすだけでいいか？」

「周囲との関係を遮り、会議資料を配り、喉をうるおすだけで、議論を進めやすくすることを達成させることができるか？」

この質問をすることで、《議長を決める》というファンクションが定義もれをしていることが判明しました。そこで、新たに付箋紙に書いて作り直しました（図3-12）。

これで、FASTダイアグラムが完成しました。この作業は簡単にできるものではありません。しかし、簡単にすまそうと考えてはいけません。今までの先入観にとらわれずに本質を抽出する作業です。メンバーと力を合わせて議論することが大切です。その中で、気がつかなかったことや、新しいことを発見していきます。

図3-12｜不足のファンクションを追加する（手順8）

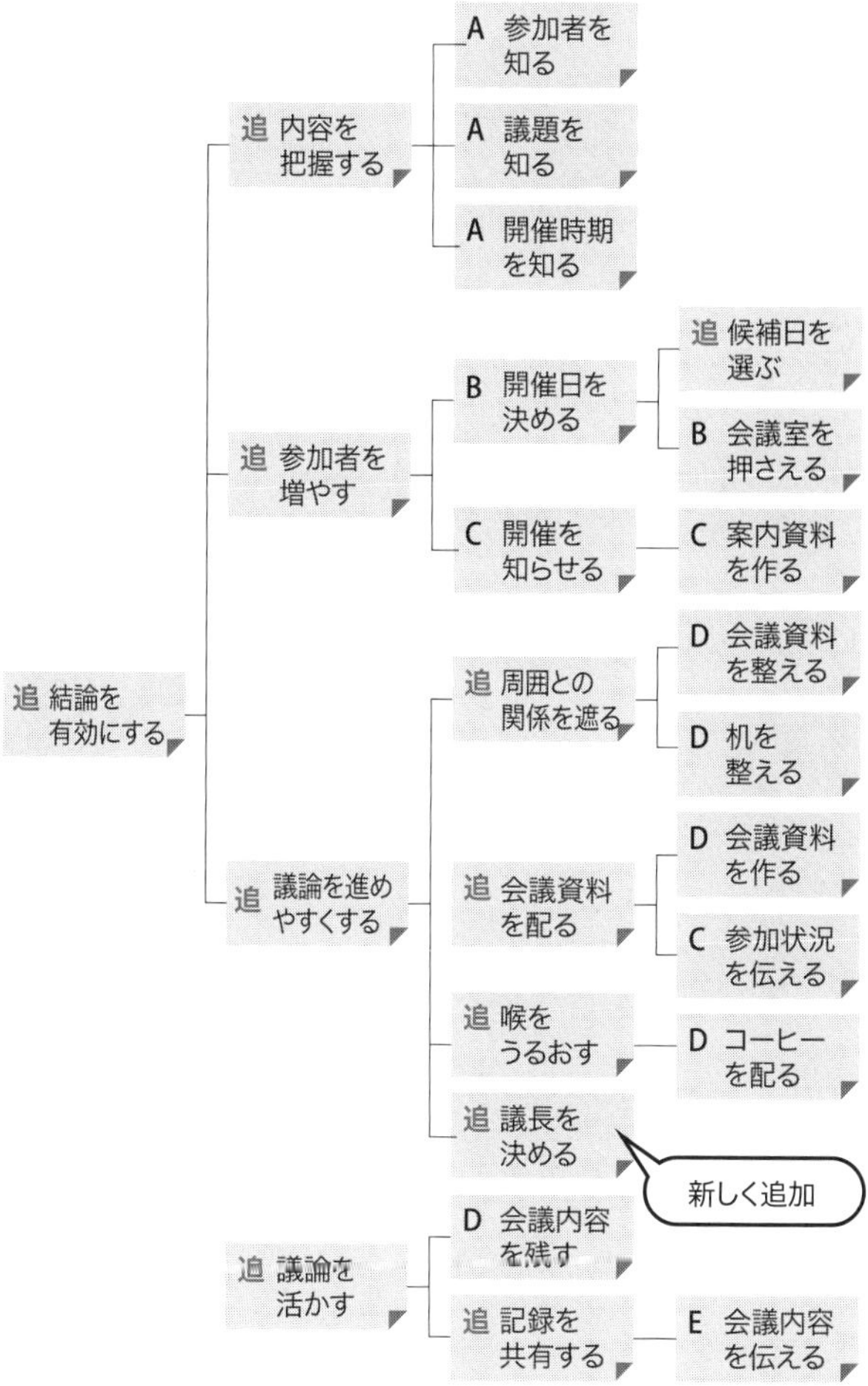

※一部省略

3 キー・ファンクションを見つけ出す

あなたのテーマに対するFASTダイアグラムをもう一度見てみましょう。特に一番左にある最上位ファンクションから3つめのレベルまでに注目してください。

そこにあるのは、そのテーマを通して果たすべき役割だけです。他の余計なものはありません。もとのテーマが想像できないくらい、形が変わっていますね。あなたが相手に提供しようとしているのは、「モノ」でもなく「コト」でもなく、ファンクションなのです。ファンクションを提供するための表現として、「モノ」や「コト」を使っているだけなのです。

何度も繰り返しますが、「モノ」や「コト」から考えるのではなく、ファンクションから考えるほうが理にかなっています。ファンクションから考えることが、ファンクショナル・アプローチの最大の特徴なのです。

キー・ファンクションとは本質である

まず、たくさんのファンクションの中から、主要なファンクションを選び出します。それが、キー・ファンクションです。**キー・ファンクションとは、テーマ（問題になっている対象）を通して果たしていくべき、主要となるファンクションのことです。**

もう一度、FASTダイアグラムをご覧ください。左から2つめのレベルに並んでいる4つのファンクションがあります。それが、キー・ファンクションになります。FASTダイアグラムによっては、レベルを変えて設定してもかまいません。

設定し終えたら、次のように言いかえて確認をします。（テーマ）と《キー・ファンクション》は、具体的なものを当てはめます。

▼テーマが「モノ」の場合……

「この（テーマ）は、《キー・ファンクション》ために、存在している」

▼テーマが「コト」の場合……

「この（テーマ）は、《キー・ファンクション》ために、活動している」

会議の運営の例では、次のような文章になります。

「この会議の運営は、内容を把握し、参加者を増やし、議論を進めやすくし、議論を活かすために、活動している」

つまり、その「モノ」や「コト」は、キー・ファンクションを提供するために存在（あるいは活動）しているという意味です。したがって、キー・ファンクションを見失うことは、本質を失うこととイコールです。果たすべき役割がなくなってしまいます。

言いかえれば、キー・ファンクションさえ達成すれば、どのような手段を選択してもかまわないということでもあります。たとえば、《参加者を増やす》ことができれば、必ずしも《開催を知らせる》必要はないということです。そう考えると、いくらでも手段が浮かんできます。

つまり、キー・ファンクションはアイデア発想の原点にもなってくるのです。

クリティカル・パス・ファンクションはシステムの原理を示す

また、FASTダイアグラムにクリティカル・パス・ファンクションを示しておきます。クリティカル・パス・ファンクションとは、**「最上位ファンクションの達成を決定づけている手段となるファンクションの一連のつながり」**のことです。

まず、もっとも左にある最上位のファンクションに注目してください。この最上位のファンクションの達成にもっとも決定的で重要な手段となるファンクションを選び、太い線でつなぎます。そして、さらに下位側（右側）に対して、同じ作業を繰り返していきます。

会議の運営の例だと、《結論を有効にする》ための決定的な手段は、《参加者を増やす》ことと《議論を進めやすくする》ことであるので、それらをつなぐ線を太くします。そして、《参加者を増やす》ための決定的な手段は、《開催を知らせる》ことなので、そこを太くします。このように繰り返していくのです。

こうするうちに、一連の太い線でつながったファンクションの列が完成します。これが、クリティカル・パス・ファンクションとなります。このようにダイヤグラムを通じて、最上位のファンクションを達成するための原理を示すことができるのです。

そして、革新的な改善を行うときは、このクリティカル・パス・ファンクションを変更することを考えます。現状の方法を決定づけている手段を変えるわけですから、まったく異なった手段で提供することができるようになります。

普通の人の行う問題解決は、FASTダイアグラムでいえば、右のほうにあるファンクションから変更しているに過ぎません。《開催を知らせる》手段をいろいろ考えて、メールにしようか、電話にしようかと、選ぼうとしているようなものです。

しかし、ワンランク上の問題解決は違います。クリティカル・パス・ファンクションの、しかも左のほうにあるファンクションから変更していきますから、革新的な変更が可能となります。《参加者を増やす》手段を考えて、今までになかった、まったく新しい手法を考えようとします。

図3-13｜「会議の運営」のFASTダイアグラム

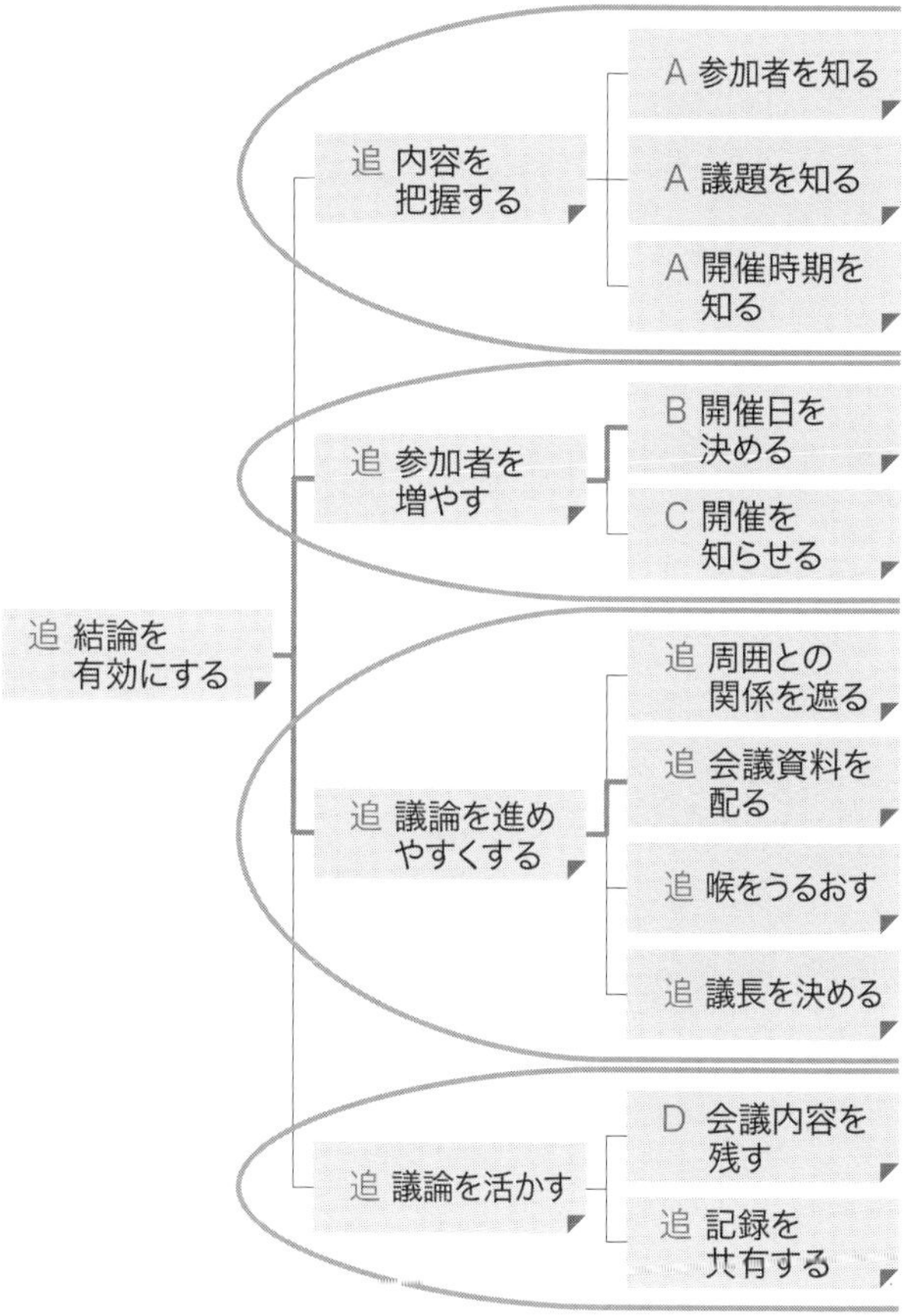

※一部省略

あなたのFASTダイアグラムに、これらの印をつけていきましょう。キー・ファンクションごとに線で囲います。そして、クリティカル・パス・ファンクションを太い線でつなげていきます（図3-13）。あなたの頭の中にあった、モヤモヤしたものが晴れてきませんか？

察しのいい人は、この段階で、何をすべきか、どこを改善点とすべきか、どのように変更していくかが何となく見えてくるものです。

4 キー・ファンクションの価値を測る

キー・ファンクションをうまく抽出できたら、次は、そのキー・ファンクションが現状においてどのくらいの価値があるのか、どれだけの価値を目指すべきなのかを見ていきましょう。価値のグレードは、インプット量とアウトプット量を比べることで把握できます。価値のグレードがわかれば、価値改善の方向が見えてきます。

インプット量を把握する

インプット量とは、投入したリソースの程度のことです。リソースとは資源、物資、財源、資産、供給源などを意味します。具体的にはコストであったり、時間であったり、手間であったり、空間であったりします。

それぞれのキー・ファンクションを機能させるために、現状のやり方で、どのくらいのリソースを投入しているか、あるいは投入しようとしているかを測ります。あくまで現状で選択しているやり方で投入している量を考えます。

それぞれのキー・ファンクションに次のような質問を投げかけていきます。


「そのファンクションのために、どれだけのリソースを投入しているか？」

「どのくらいのリソースで、そのファンクションを実現しているか？」

アウトプット量を把握する

アウトプット量とは、提供されたパフォーマンスの程度のことです。パフォーマンスとは、性能、成績、出来ばえ、振る舞いなどを意味し、あらかじめ定められた水準との相対的な関係により表現されます。

インプット量と同様に、キー・ファンクションごとに見ていきます。現状のやり方で、どのくらいのパフォーマンスを提供できているか、あるいは提供しようとしているかを測ります。パフォーマンスを享受する相手の立場、パフォーマンスを利用する使用者の立場になって、求められている水準、提供するべき水準を設定します。その水準に対する達成の度合いを見ていきます。こちらもあくまでも現状で選択しているやり方で考えます。

では、その水準を設定する際に何をよりどころにするかを考えましょう。過去の実績、理論的な目標、あなたの希望、周りの希望、相手の希望などが考えられます。

この設定は、高すぎても低すぎても良くありません。高すぎる目標は「無理だ」というあきらめの気持ちにつながり、逆に目標が低すぎると、「簡単だ」という放漫な気持ちが芽生えてきます。いずれも改善への意欲をそぐので、適切な目標を設定すべきです。

アウトプットに対しては、次の質問に答えていきます。

「そのファンクションは、相手の要求に対して、どれくらい提供できているか？」
「使用者の期待に対して、どのレベルまで、そのファンクションを満たしているか？」

図3-14｜アウトプット量の評価区分（例）

エクセレント

相手の期待を大きく超える水準に達しています。百点満点の点数にすると120点以上です。

ベリー・グッド

相手が期待している水準に達しています。100点から120点といったところです。

グッド

提供すべき水準に達しています。要求レベルを満たしていますが、望ましいとされる期待レベルに届いていません。80〜100点といったところです。

フェア

提供すべき水準に対して有望な状態です。要求のレベルには達していませんが、許容のレベルは上回っています。60〜80点といったところです。

プア

提供すべき水準に達していません。許容のレベルすら下回っているものです。60点以下です。

これらは具体的な数値をつくるのが理想ですが、それが難しい場合は、感覚的にとらえて、次のような5段階程度の区分に分けることで数値化します。区分の一例を示します。

たとえば「会議の運営」であれば、4つのキー・ファンクションについて、時間的なリソースに着目して、次のようにインプット量とアウトプット量を測っていきます。

まずインプットに対しては、このような質問となります。

「《参加者を増やす》ためにかけている時間は、どれだけか？」
「《議論を進めやすくする》機能の達成に、どれだけの時間をかけているか？」
「どれくらいの時間で《議論を活かす》機能を実現しているか？」

そして、アウトプットに対しては、次のような質問をします。

「《参加者を増やす》機能は、上司の要求に対して、どれくらい提供できているか？」
「《議論を進めやすくする》機能の出来ばえは、どの水準まで達成しているか？」

「上司の期待に対して、どのレベルまで《議論を活かす》機能を満たしているか？」

これらを、整理すると図3－15、図3－16のようになります。

特にアウトプットでは、相手の立場で考えなければなりません。あなたがしたいことと、相手がして欲しいこととは異なるものだからです。

アプローチ・チャートで価値改善の方向を見る

それぞれのインプット量とアウトプット量が求められたら、それらの価値改善の方向を判定します。それには、図3－17の「アプローチ・チャート」を使います。横軸がインプット量、縦軸がアウトプット量になっていますから、それぞれの数値から、該当する箇所にキー・ファンクションを書き込んでいきます。

このアプローチ・チャートは、左上にいくにしたがってグレードが高くなります。逆に、右下にいくほどグレードが低いことになります。グレードが高いということは、それだけ価値があるということになります。

図3-15｜「会議の運営」のインプット量

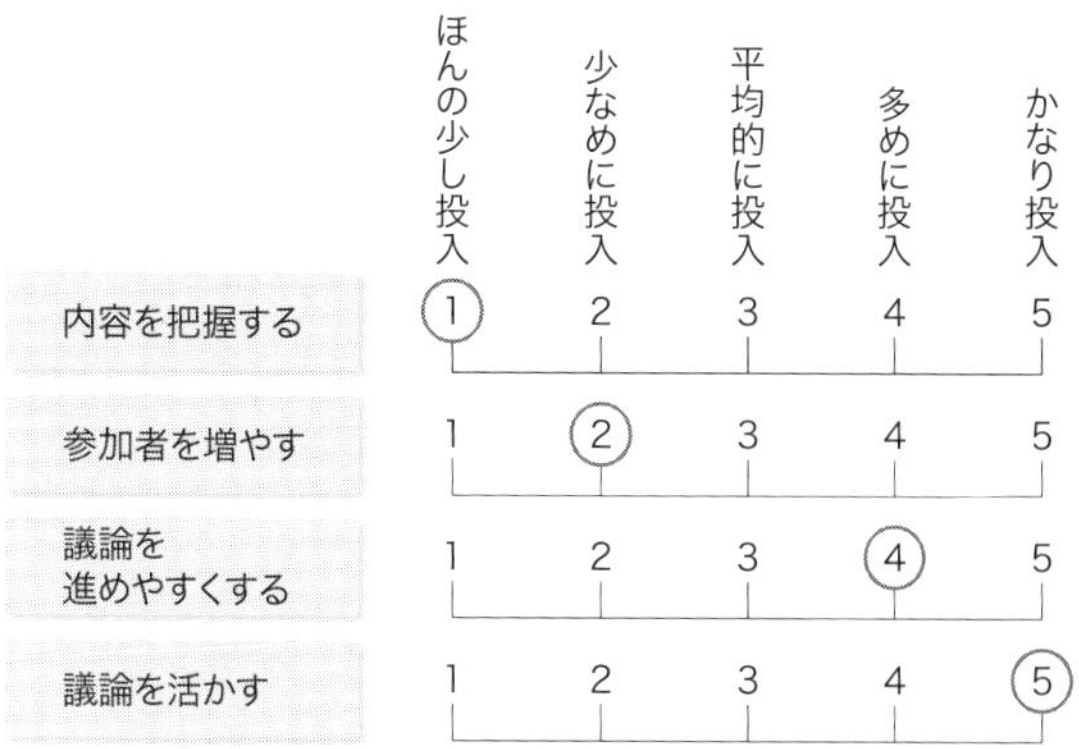

図3-16｜「会議の運営」のアウトプット量

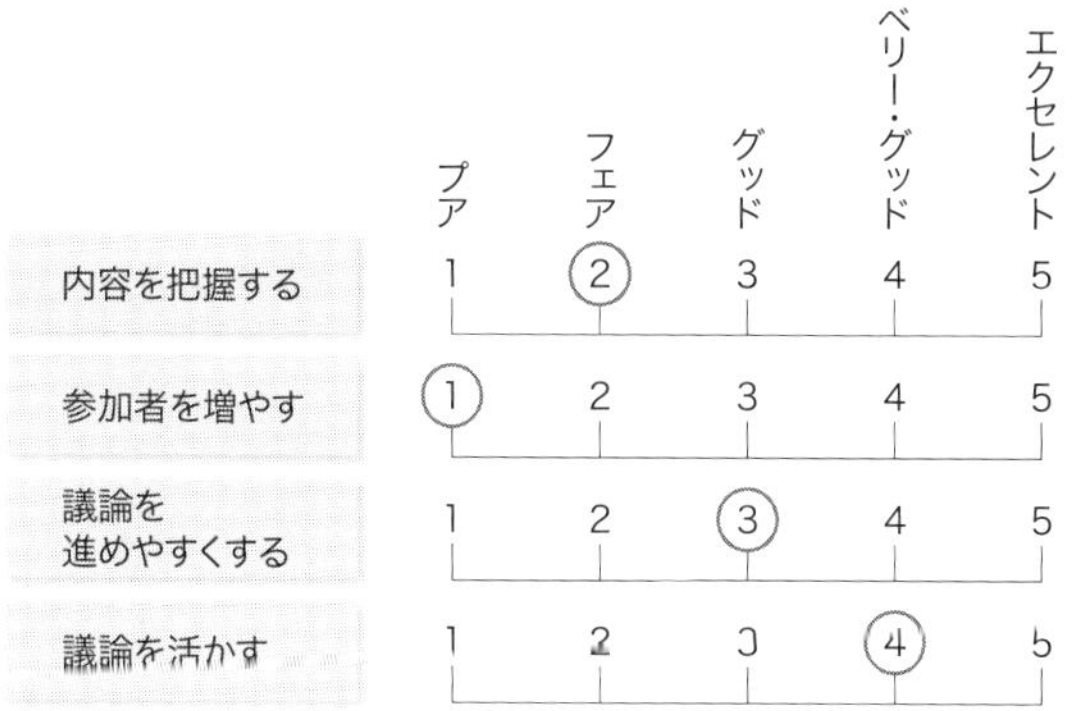

この図を使えば、現行のキー・ファンクションの価値がどのグレードにあるかを簡単に判定できます。**現状がわかれば、どのように改善するべきなのか、どうすれば価値を高めることができるのかといった、改善の方向が見えてきます。**

たとえば、インプット量が「4」でアウトプット量が「2」だったとしましょう。このファンクションの価値を高めるためには、次の3つのケースが考えられます。

ケース1　投入するリソース量は「4」のまま変えずに、提供するパフォーマンス量を「2」から「4」に上げる方法を考える。

ケース2　投入するリソース量を「4」から「3」に減らしながら、提供するパフォーマンス量を「2」から「3」に上げる方法を考える。

ケース3　投入するリソース量を「4」から「2」に減らしながら、提供するパフォーマンス量を「2」のまま変えない方法を考える。

図3-17｜アプローチ・チャートの意味と改善方向

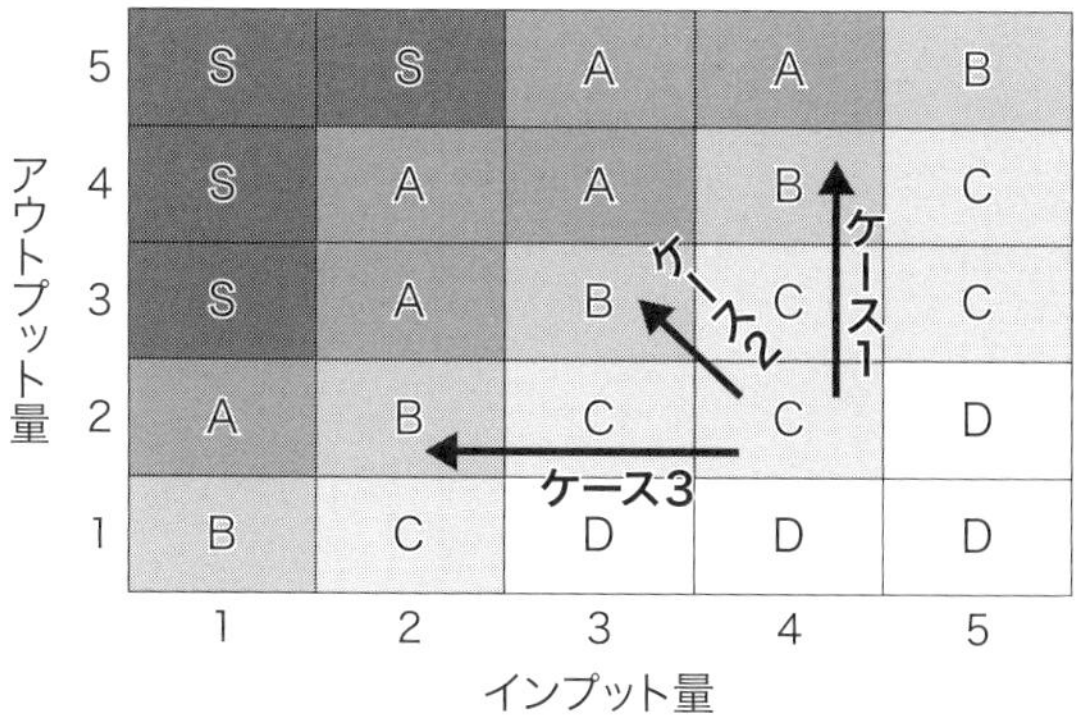

すべてのキー・ファンクションを書き込むことで、どのキー・ファンクションを改善するべきか、また、どのキー・ファンクションが問題を大きくしていたのかといったことまで読みとることができます（図3-18）。

それでは「会議の運営」の改善点を読みとってみましょう。

《内容を把握する》……今のやり方で問題がないようです。今回は改善点にする必要はなく、この部分は、現行のまま残しておきましょう。

《参加者を増やす》……スケジュールを確認

図3-18｜「会議の運営」のアプローチ・チャート

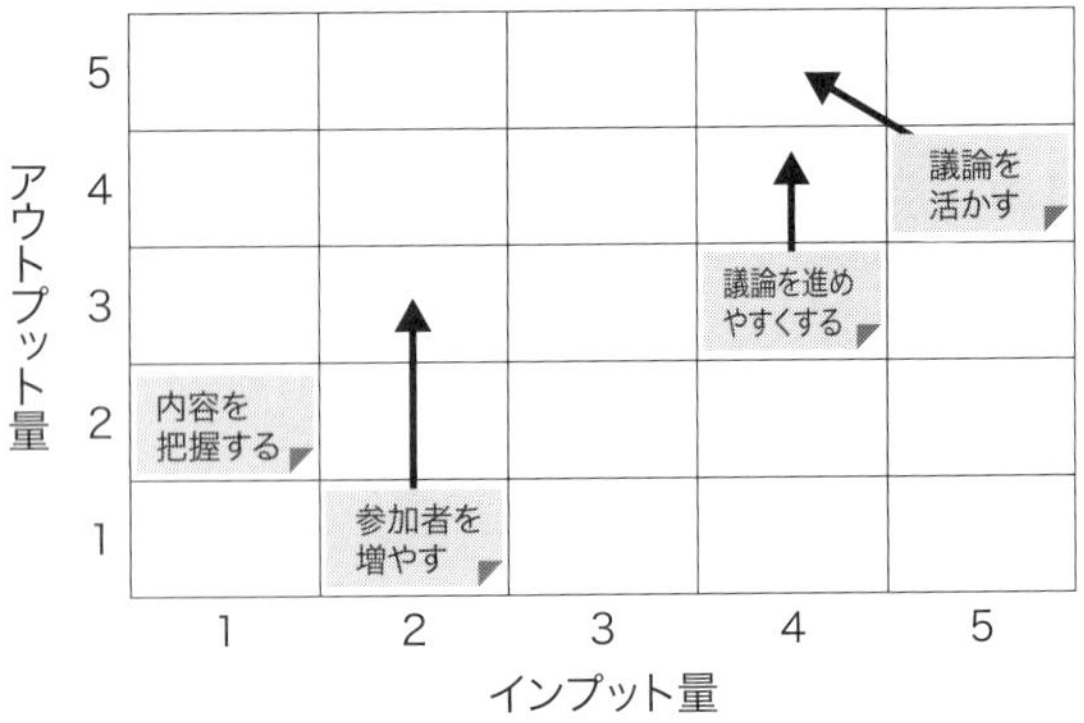

して一番多くの人が参加できる日程を、機械的に選んでいましたが、もっと工夫すれば、より多くの参加者が会議に参加できるかもしれません。

《議論を進めやすくする》……今も工夫して行っているようですが、まだ、不十分かもしれません。静かな会議室を確保して、コーヒーと資料を準備して、参加者に議論してもらっていますが、別の手段も探してみる必要があります。

《議論を活かす》……今のやり方は、時間をかけ過ぎているかもしれません。翌日に議事録を作成していますが、そこに相当の時間がかかっているのではないでしょうか。もっと、他に会議の内容を残す方法を考えましょう。

さて、あなたのテーマはどのようになりましたか？　改善しなければならない箇所が見えてきましたか？　改善の方向を判定することができましたか？　うまくできていなくても気にすることはありません。ファンクションを原点に、価値を探るところに意味があるのです。そこから、あなたの意識が変わっていくのです。

これが、ファンクショナル・アプローチの醍醐味です。

column

ローレンス・D・マイルズ

ファンクショナル・アプローチの生みの親、ローレンス・D・マイルズについて、彼のプロフィールを紹介したいと思います。

彼が生まれたのは、1904年4月21日、ネブラスカ州ハーバードでした。彼は、高校を3年で卒業（普通は4年間）し、1925年にはネブラスカ・ウィスリアン大学を卒業。高校の校長、国立銀行の副支配人などを務めたのち、1932年にGE社に入社し、設計技術者としてのキャリアをスタートさせました。そして、1947年12月にファンクショナル・アプローチを生み出したのです。1960年には米国VE協会初代会長に就任し、1964年にGE社を退職しましたが、その後も1980年まで、世界中でセミナーを開催しました。そして、1985年8月1日に他界しました。

第4章

実践

ファンクショナル・アプローチ

Step3 創造

1 アイデア発想の原理を知る

ワンランク上の問題解決を行うためには、「改善点」と「解決手段」を組み合わせる必要があるということについては、繰り返し述べてきました。また、ここまでのステップで、解決しなければならない対象（テーマ）に対して、問題をファンクションに置き換えて分析することで、改善点を特定することができました。

そうなると、次は解決手段です。「過去の再現化」ではなく「未来の具現化」により解決手段を得るためには、創造的作業、つまりアイデア発想が必要です。

しかし、やみくもに頭をひねったところで、良いアイデアは出てきません。発想の原理を理解し、いくつかの発想技法をうまく使うことで、より優れたアイデアを、より多く発想していくことが大切です。

図4-1｜アイデア発想の原理

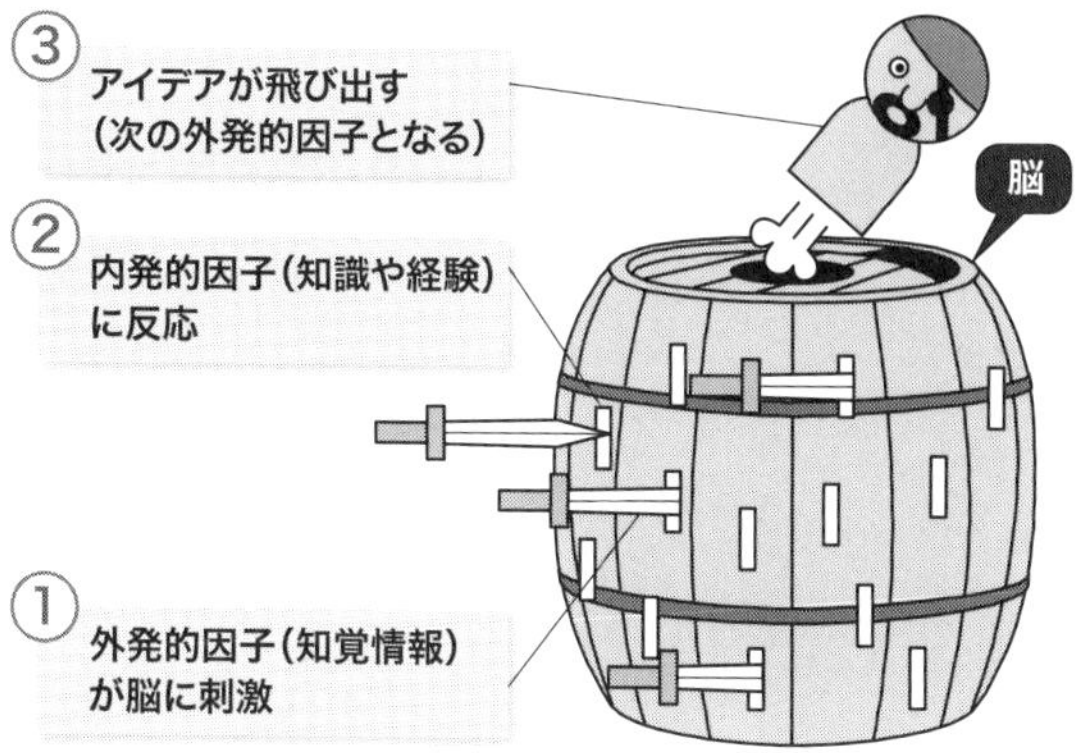

ここでは、まずアイデアを発想する原理について説明していきましょう。

「外発的因子」と「内発的因子」

まず、見たり聞いたり触れたりして得られる知覚情報の中から、アイデアと関連するかもしれない因子と遭遇します。この因子を、ここでは「**外発的因子**」と呼びます。

外発的因子を受け取った脳は、過去の経験や知識によりつくりあげた、アイデアの基となる因子を発生させます。この因子を「**内発的因子**」と呼ぶこととします。その結果、さまざまなアイデアが飛び出してくるというわけです（図4-1）。

アイデアの質と量を高めるには、外発的因子と内発的因子をそれぞれ上手にコントロールする必要があります。

まず外発的因子をコントロールするには、アイデア発想技法を活用することです。アイデア発想技法は、外発的因子を発想者に提供するための技術です。この技法を使えば、手を変え品を変え、刺激を与えてくれるのです。

では、内発的因子をコントロールするには、発想者の日頃の訓練が不可欠です。普段からいろいろなことに興味を持ち、たくさんの知識と豊富な経験を蓄積していること、さらに、日常的にアイデアを出していることが重要になります。

アイデア発想のくせをつける

アイデア発想をするくせがついていると、内発的因子が脳の中でたくさん蓄積されていきます。そのための方法をいくつか紹介しましょう。

・アイデア発想の機会に積極的に参加する

・目の前のものから、何かアイデアを発想してみる
・いつもと違う道を歩いて、何か面白いもの、変わったものを探す
・新しい趣味を始め、違った知識を蓄積する
・人脈を広げ、いろいろな人と話をして、刺激を受ける
・たくさんの本を読んで、そこからアイデアになりそうなものを見つける

そして専用のノートを用意して、毎日そこに書き込んでいくのがいいでしょう。どんなものでも頭に一瞬浮かんだものを書きとめていきます。自分が日頃、どれだけのアイデアを発想しているかを実感できることでしょう。

このようにアイデアが発想される原理を知れば、アイデアの質と量を稼ぐことができます。それでは、アイデア発想の技法について説明していきます。

2 5つのアイデア発想技法を使いこなす

改善点に講じる手段は、無限といっていいほど存在しています。しかし、実現性があるか、効果があるかという観点で見ると、なかなか見つからないものです。そのため、アイデア発想技法が数多く開発されてきました。

アイデア発想技法とは、何かの対象に対して、考え、気づき、工夫、着眼などを得ることを目的に、それらがより得やすくなるように考え出された方法のことです。言いかえれば、アイデアの発想を助ける方法です。

何の助けもなく発想しているうちは、ある程度のアイデアは出てきたとしても、思考の範囲が限られるため、同じところをグルグルと回るばかりで、結局すぐにアイデアが浮かばなくなります。そこで、思考の「枠」を超えるための発想技法が必要となるのです。

ただし、どのような技法を用いるにしても、自動販売機でジュースを買うようにアイデアが手に入るわけではありません。アイデア発想技法という自動販売機から出てくるのは、アイデアそのものではなく、あくまでヒントです。手がかり、きっかけでしかありません。最終的にアイデアを生み出すのは、人の脳なのです。

プッシュ型とプル型を組み合わせる

このように、アイデアの「ヒント」を得るために、いろいろな技法が開発されています。そしてヒントをどこから得るかによって、アイデア発想技法は「経験型」「分析型」「類比型」「印象型」「偶発型」の5つに分類されます。次ページ図4－2をご覧ください。

これらの型は、いずれも発想者の意識を対象そのものから離すようにできています。経験型、分析型、そして類比型は、強制的に発想点を指定したり、形を変えたり、別のものを見せたりして、過去の経験の蓄積から新たな思いつきが引き出されるのを期待しているのです。いわばプッシュ型です。

図4-2｜アイデア発想5つの技法

経験型技法……経験則を利用してヒントを得る。
有効な経験から経験則を導き出し、それらを強制的に当てはめる。出てきたものを直接利用したり、加工したりして利用する。チェックリスト法、ＴＲＩＺ法など。

分析型技法……分析結果を利用してヒントを得る。
他の対象や他のアイデアを比較分析・分類整理・分解加工するなどして、そこから得られた結果を利用する。ＫＪ法、テアダウン法、セブン・クロス法など。

類比型技法……類似性を利用してヒントを得る。
一見対象とは独立しているように見えるが、類似性や同一性に着目して結びつけ、そこから得られるものを利用する。シネクティクス法、NM法、等価交換法など。

印象型技法……感受性を利用してヒントを得る。
空想、夢、催眠、写真、音楽、身体感覚などから受ける印象を利用する。直接利用したり、発展させたり、抽象化したりする。イメージ発想法、睡眠技法など。

偶発型技法……偶発性を利用してヒントを得る。
でたらめに出したり、こじつけたり、無秩序に考えたりして、偶然出てくるものを利用する。ブレインストーミング法、ゴードン法、質問法など。

印象型や偶発型は、発想者を知識領域から感情領域へ導いたり、知識も感情も何もない領域まで連れていったりして、直感的に偶然思いつくことに期待しているのです。プッシュ型に対してプル型ということができます。

これらの技法を単独で使ったり、組み合わせたりすることで、より優れたアイデアを得ることができます。状況に合わせて使いこなしていきましょう。

ブレインストーミング4つのルール

アイデア発想技法のなかでもとりわけ有名なのが、ブレインストーミングです。これは、複数のメンバーによるミーティング形式でアイデアを出す技法で、アレキサンダー・オズボーンが1940年頃に考案したものです。ブレインストームという単語には、「インスピレーション」「突然の妙案」「突拍子もない考え」という意味があります。

私もよくこの技法を使います。しかし、あまりにも有名であるがゆえに、誤解している人も少なからずいるようなので、ここで再確認したいと思います。せっかくの効果的な技法でも、解釈を間違って使っていては良い結果が得られないからです。

ブレインストーミングを行うに際してはまず、オズボーンが考えた「4つのルール」を必ず守る必要があります（図4－3）。

「①自由奔放」には「思うがままに」「無責任に」「慣習にとらわれず」「誰に気兼ねもなく」といった意味があります。結果がどうなろうと、要求されていることを無視しようと、制約や法律がどうであろうと、とにかく頭に浮かんだアイデアを出していくことです。乱暴で大げさなアイデアも歓迎です。得てして良い考えよりも、つまらない思いつきのほうが簡単に出てくるものですが、気にすることはありません。ブレインストーミングのベースには、「つまらないアイデアこそ良いアイデア」という考えがあります。

「②批判厳禁」とは、出てきたアイデアに対して、何の批判もしてはいけないということです。アイデアに対して言い訳をする必要もありません。アイデアが理解できないときに質問することはあっても、アイデアや質問に対して意見することも、議論をすることもしてはいけません。批判すると、そのアイデアを出した人からも、またそこにいる他の人からも、次のアイデアが出にくくなってしまうからです。「批判されるかもしれない」という思いが発想を阻害してしまうのです。

図4-3｜ブレインストーミング4つのルール

①自由奔放

②批判厳禁（議論も厳禁）

③アイデアの量を求む（質より量を好む）

④アイデアの改善結合

「③アイデアの量を求む」とは、文字どおり、たくさんのアイデアを出すということです。「自由奔放」ですから、はっきりいって質は望めません。その分、量が必要となります。100のくだらないアイデアの後にひとつの優れたアイデアが出てくると考えて、たくさんのアイデアを出しましょう。

量を稼ぐ意味からも、抽象的・示唆的な表現よりも、具体的・個別的な方法をたくさん挙げていくのがコツです。たとえば「案内の方法を変える」といった表現よりも、「手紙で案内する」「伝書鳩で知らせる」「のろしを上げて知らせる」のように、どのような方法に変えるのかを具体的に挙げていきます。

「④アイデアの改善結合」とは、すでに出ているアイデアを組み合わせたり、変化させたりすることで、別のアイデアを生みだすことです。こうすることで、連鎖反応的にたくさんのアイデアを出せます。一人の人間が思いつくアイデアには偏りや限界がありますが、他人のアイデアを改善結合することで、他人の経験と知識を自分のものと結合させたり、融合させたりすることができます。これがブレインストーミングの醍醐味なのです。

◇

効果的なブレインストーミングは、以上の4つのルールをしっかり守ることで十分発揮されます。ここで紹介した方法は、クラシカル・ブレインストーミングと呼ばれているもので、ここから派生した技法には、カード・ブレインストーミング（発言せずにカードに書き込む）、スリップ・ブレインストーミング（スリップと呼ばれる紙切れを使う）、トーキング・スティック（スティックを持っている人は強制的に発言しなければならない）などがあります。

3 出てきたアイデアを分類・整理する

さあ、今度はあなたの問題に対してアイデアを出していく番です。ブレインストーミング法を用いても、他の技法を使っても結構です。一番適した方法を選択してください。

改善点となったキー・ファンクションを覚えていますか？　そう、現状と理想とを比べることによって見えてきたファンクションです。そのファンクションは理想的な手段で達成されていないかもしれない、ということもわかっています。

そこで、そのファンクションを達成するための別の手段を考えていきます。次のような質問を投げかけてみましょう。

「そのファンクションを達成させるのに、他にどんな手段が考えられるか？」

「別の手段で、そのファンクションを機能させることはできないか？」
「新たな方式を使って、そのファンクションを実現することはできないか？」

出てきたアイデアはすべて記録します。一見使えないアイデアに見えても、後になってすばらしいアイデアに変わることもあります。時間をかけて、たくさんのアイデアを出しましょう。最初はありきたりのアイデアしか浮かばなかったとしても、ある時点から、水脈を見つけた井戸のようにアイデアがどんどん湧き出てくるものです。

アイデアの有用性をチェックする

出てきたアイデアは、まだまだ使える状態ではありません。役に立つアイデアもあれば、全く意味のないアイデアもあります。アイデアを分類・整理するために、ここでは次のような質問を投げかけます。

「そのアイデアは、役に立つアイデアになりそうか？」

郵便はがき

料金受取人払郵便

麹町局承認

5048

差出有効期間
平成32年2月4日
（切手不要）

102-8790

232

東京都千代田区平河町２－１６－１
平河町森タワー１１F

Discover
ディスカヴァー
行

お買い求めいただいた書籍に関連するディスカヴァーの本

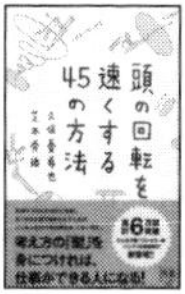

頭の回転を速くする45の方法
久保憂希也・芝本秀徳　１０００円(税別)
考え方の「型」を身につければ、仕事ができる人になる！知識やスキルを120%発揮し、あらゆる分野で成果を出すためのビジネス思考の原理原則がこの一冊に。6万部ベストセラー、待望の携書化。

同時通訳者が教える ビジネスパーソンの英単語帳
関谷英里子　１０００円(税別)
10万部突破の人気シリーズからビジネスパーソン必携の究極のエッセンシャル版が登場。新語を追加し、解説・例文を大幅にバージョンアップ！

自分で動ける部下の育て方
中竹竜二　１０００円(税別)
あなたがやるべきことは命令や指示ではなく、期待をかけることだ！ 最高の成果を引き出し、自分で考え、潜在能力を花開かせる「期待マネジメント」の決定版

リニア新世紀 名古屋の挑戦
奥野信宏＋黒田昌義　１０００円(税別)
2027年、名古屋を心臓部に、まだ誰も見たことのない世界最大級の広域都市「スーパー・メガリージョン」誕生！ そのとき、名古屋は？ 日本は？

ディスカヴァー会員募集中

特典
- 会員限定セールのご案内
- イベント優先申込み
- サイト限定アイテムの購入
- お得で役立つ情報満載の会員限定メルマガ「Discover Pick Up」

詳しくはウェブサイトから!
http://www.d21.co.jp
ツイッター @discover21
Facebook公式ページ
https://www.facebook.com/Discover21jp

イベント情報を知りたい方は
裏面にメールアドレスをお書きください。

2248 「誰のため？」「何のため？」から考えよう 愛読者カード

◆ 本書をお求めいただきありがとうございます。ご返信いただいた方の中から、抽選で毎月5名様にオリジナル賞品をプレゼント！
◆ メールアドレスをご記入いただいた方には、新刊情報やイベント情報のメールマガジンをお届けいたします。

フリガナ お名前	男 女	西暦　　年　月　日生　　歳
E-mail　　　　　　@		
ご住所　（〒　　－　　） 都道府県　　市区郡 電話　　（　　）		
ご職業　1 会社員　2 公務員　3 自営業　4 経営者 5 専業主婦・主夫 6 学生（小・中・高・大・その他）7 パート・アルバイト　8 その他（　　）		
本書をどこで購入されましたか？　書店名：		
本書についてのご意見・ご感想をおきかせください ご意見ご感想は小社のWebサイトからも送信いただけます。http://www.d21.co.jp/contact/personal ご感想を匿名で広告等に掲載させていただくことがございます。ご了承ください。 なお、いただいた情報が上記の小社の目的以外に使用されることはありません。		

このハガキで小社の書籍をご注文いただけます。
・個人の方：ご注文頂いた書籍は、ブックサービスより2週間前後でお届けいたします。
代金は「税込価格＋手数料(305円)」をお届けの際にお支払いください。
（手数料は、予告なく改定されることがあります）
・法人の方：30冊以上で特別割引をご用意しております。お電話でお問い合わせください。

◇ご注文はこちらにお願いします◇

ご注文の書籍名	本体価格	冊数

電話：03-3237-8321　FAX：03-3237-8323　URL：http://www.d21.co.jp

「そのアイデアは、何かのアイデアに活かせそうか？」

「そのアイデアには、プラスになる要素が含まれているか？」

「そのアイデアのマイナス面は、プラスに変えられそうか？」

「そのアイデアに何か魅力的なものを感じるか？」


もし、答えが「はい」となる質問がひとつでもあれば、そのアイデアは残しておきましょう。どの質問にもすべて「いいえ」となったアイデアは、残念ながら今回は活かせそうにないということです。このようにすべてのアイデアを簡単にチェックしてから、残ったアイデアを分類していきます。

アイデアをグルーピングする

分類するにも、いろいろなやり方があります。ここでは付箋紙を使う方法を紹介しましょう。この方法によって無秩序なアイデアを分類・整理することができ、さらに新たなアイデアも生まれるという利点があります。手順は次のとおりです。

①アイデアを付箋紙に書き写す
②似たアイデア、近いアイデアを集め、グループを作る
③グループにタイトルをつける

グループがあまり多くなるようであれば、さらにいくつかに分けることを考えます。そして、できあがったアイデア・グループを見て新たなアイデアが浮かんでくれば、それを追加していきます。アイデア・グループ自体を追加してもかまいません。アイデアを分類・整理することは、新たなアイデアを発想する技法でもあるのです。

さらに発想を刺激する方法があります。付箋紙に書き写すときに、アイデアの言葉とともに、略図を書き込むのです。少し大きめの付箋紙を使うといいでしょう。こうすることでアイデアがより具体的になり、イメージが膨らみます。また、文字よりも図を見ることで右脳への刺激が活性化されます。

いかがでしょう。たくさんのアイデアがうまく整理できましたか？　テーマによってはこの段階で画期的な改善ができることもあるでしょう。より改善の困難なものは、次のステップに進んでいきます。たとえ今、少しのアイデアしか残らなかったとしても、あきらめてはいけません。ここから、まだまだ発展していきます。

図4-4 「会議の運営」のアイデア例

参加者を増やす	遠方の人にも参加してもらえるように、電話会議やWEB会議のシステムを導入する。
	皆に共通する時間帯、早朝や昼食の時間帯も会議の候補とする。
	参加対象を厳選して人数を減らすことで、参加率を上げる。
議論を進めやすくする	資料を事前に配布し、必要な回答を全員から回収し、整理分類しておく。
	何も発言しない人は、次回から参加させない。あるいは何らかの罰則を設ける。
	会議室の椅子をなくす。立って議論することで、議論を短時間にまとめようとする。
議論を活かす	会議の議事録は、会議中に作成する。ICレコーダにも録音し、一緒に保存する。
	議事録をなくし、イントラの掲示板に結論だけを書き込む。

column

二十世紀の三大管理技術とは

技術のマネジメントを行ううえでは、固有技術と管理技術に分けて考えます。固有技術とは、そのシステムの中で成果を生み出すために直接的に使われる技術のことです。管理技術とは、そのシステムを維持させるために間接的に使われる技術のことです。固有技術が、そのシステムに固有のものであるのに対して、管理技術は、他のシステムにも活用することができます。

優れた固有技術があっても、管理技術が十分でなければ、良い結果を導き出すことはできません。また、優れた管理技術があっても、固有技術が未熟であれば、同じく良い結果を導き出すことはできません。

二十世紀の三大管理技術と呼ばれるものがあります。それは、IE（Industrial Engineering）、QC（Quality Control）、VE（Value Engineering）です。これらの管理技術は、今日の生産技術を支えてきたものです。

図4-5｜二十世紀の三大管理技術

	IE	QC	VE
日本名	生産工学	品質管理	価値工学
開発年	1900年頃	1920年代	1947年
開発者	テーラー、ギルブレス、ガント	シューハート、デミング、石川馨	マイルズ
目的	能力の向上	品質の向上	価値の向上
適用方法	計測によりムリ、ムダ、ムラをなくす	統計分析により不良品をなくす	目的追求により代替案を創造する
管理対象	動作	現象	機能
主な技法	動作分析 標準時間	QC7つ道具 新QC7つ道具	FAST

第5章

実践

ファンクショナル・アプローチ

Step4 洗練

1 アイデアを練って、練って、練り上げる

洗練とは、アイデアを練り上げる作業です。創造したてのアイデアを、パン生地をこねるように練り上げ、熟成させてはまた練り上げていきます。そうすると角がとれ、すばらしいアイデアに仕上がっていきます。

練り上げるとは、つまり利点を見つけ、それを伸ばし、欠点を見つけ、それを取り除いていくことです。

手順1 利点を見つける

まず、利点に関する次の質問をしてみましょう。


「このアイデアの利点はどこか？」

「このアイデアの中で注目する着想は何か？」

「このアイデアで活かしていける発想はどの部分か？」

手順2　利点を伸ばすアイデアを創造する

それぞれの質問で出てきた答えに対して、さらに問いかけをします。


「その利点を伸ばすアイデアはないか？」

「その着想を活かしたアイデアはないか？」

「その発想を別のアイデアに活かせないか？」

手順3　欠点を見つける

そして、欠点についても見ていきます。


「このアイデアに欠点があるとすれば、それは何か？」

「このアイデアを採用するうえで、障害があるとすればどんなものか？」

「このアイデアの実現を妨げているものは、何か？」

手順4　欠点を取り除くアイデアを創造する

出てきた欠点に対しては、次の質問をします。


「その欠点を克服するための工夫はないか？」

「その障害を乗り越えることのできるアイデアはないか？」

「その妨げているものを取り除くヒントはないか？」

手順5　追加されたアイデアを取り込んで新しいアイデアにする

出てきたアイデアを大切に発展させます。利点を伸ばし、欠点の少ないアイデアに育てていくのです。

手順6　さらに利点と欠点を見ていく

新しいアイデアに対して、手順1～5を繰り返します。何度も繰り返すうちに、アイデアが解決手段に成長していきます。欠点がなくなり、すばらしい利点ばかりが残る解決手段に仕上がったら、終わりです。その解決手段は、すぐに採用可能な、優れたものになっていることでしょう。

「新しいアイデア」を「優れた解決手段」に成長させる

たとえば、会議の運営で出てきた次のアイデアを考えてみましょう。

「『何も発言しない人は、次回から参加させない』の利点はどこか？」

「それは、『参加者は全員、何か発言するようになる』『参加者は、参加したいと思っている』といったものである（手順1）」

「では、その利点を伸ばすアイデアはないか？」

「それなら、『発言者にポイントを与えて競わせる』『一人当たりの発言数を設定する』というアイデアが考えられる（手順2）」

「逆に、欠点があるとすれば何か？」

「『意味のない発言が増えてしまう』『発言を冗長させ、会議が進まなくなる』といった欠点が考えられる（手順3）」

「その欠点を克服するアイデアはないか？」

「『発言時間を制限する』『発言の質が悪ければポイントを与えない』といったことをすれ

ば克服できる（手順4）」

「では、会議発言ポイント制度を設けて、累積ポイントを目標に向かわせるやり方で、良い意見を出させるようにすれば、議論を進みやすくできるのではないか？（手順5）」

「そうすると、『発言の内容に対する評価が必要』となる。『評価者と判定基準を決めなければならない』という新たな欠点が生じる」

「その欠点を克服できるアイデアはないか？（手順6→手順3）」

アイデアを練っていく段階で、新しいアイデアを創造することはもちろんのこと、すでに出ているアイデアを組み合わせてもかまいません。とにかくあきらめないことです。ここでも、本気と根気と勇気の「三気の精神」が試されるところです。

2 解決手段を組み合わせる

さあ、いよいよ解決手段をつくる段階にきました。いくつかの良い解決手段を組み合わせていきます。

たいていの場合、複数の組み合わせが生まれることでしょう。ただし、「ひとつしか解決手段ができなかった」「ひとつしか組み合わせることができなかった」あるいは「お互いが独立しているため組み合わせることができなかった」といった場合でも、それはそれで改善可能ですから大丈夫です。

解決手段は、発想のもととなったキー・ファンクションに対して創造してきました。したがって、そのキー・ファンクションを達成させるための手段のひとつとして生み出されたものです。

もしかすると、別のキー・ファンクションに対しても新たな解決手段が生み出されているかもしれません。そうであれば、それらを同時に採用することが可能かどうかを考えます。これが、解決手段の組み合わせとなります。

手順1　キー・ファンクションを達成しているかを見る

解決手段を組み合わせることで、また新たな影響も出てきます。キー・ファンクションは独立していますが、テーマ全体から見ると、お互いに影響しあっているからです。組み合わせたときには、次の2点を常に確認しなければなりません。

「それぞれのキー・ファンクションに要求されている水準を確実に達成しているか？」
「テーマ全体の価値を高めることができているか？」

まず、それぞれのキー・ファンクションを達成しているかどうかを見ていきます。このときに忘れてはいけないのが、相手の立場、使用者の視点になることです。どうしても自分の立場で考えてしまいがちですが、「あなたがしてあげたいこと」と「相手がして欲しいこと」は、必ずしも一致しません。

手順2　ロールプレイで相手の気持ちになりきる

そこで効果的なのが、ロールプレイです。ロールプレイをするときは、あなたは「あなた」ではなく、身も心も「相手」になりきります。「相手」を演じ、「相手」の五感を感じ、「相手」の気持ちになることです。そうすれば、相手が何をうれしく感じて、何を悲しく感じるかを察することができます。

言いかえればロールプレイとは、相手に「思いを馳せる」ことです。キー・ファンクションのパフォーマンスを待ち望んでいる人に、あなたの思いを馳せてください。

たとえば会議の運営の例でいえば、「参加者役」や「上司役」を演じてみることです。会議発言ポイント制度ができた後の会議に、実際に参加しているところを思い描きます。そして次のように、参加者でないと感じることのできない感想を出していきます。

「確実にパフォーマンスが向上しているか？」

「参加している気分はどうか？」

「意見を出しやすいか？」

「一緒に参加している人はどうか？」

「逆効果になっていないか？」

「新たな問題が生じていないか？」

「ポイントはどのようにたまっていくか？」

「ポイントに対する不満はないか？」

手順3　アウトプット量を確認する

そしてロールプレイをしながら、アウトプット量の確認をしていきます。すべてのキー・ファンクションが「グッド」以上になっていますか？「フェア」でもいい場合もありますが、「プア」がまだ残っている場合は、再度アイデアを見直す必要があるでしょう。

手順4 解決前後を比較し、解決手段の価値を確認する

それができたら、今度はテーマ全体の価値を確認します。ここでチェックするのは、投入したリソースの合計が増えたのか減ったのか、提供できたパフォーマンスが増えたのか減ったのか、といったことです。

投入したリソースがどのように変わったかを調べるために、解決する前のインプット量の合計を出してみましょう。重みをつけて足す場合もありますが、ここでは単純に足すことを考えましょう。そして、解決手段を採用したときのインプット量の数値を合計します。これで、解決前と解決後の、それぞれのインプット量が計算できました。

提供したパフォーマンスは、どのように変わったでしょうか？　同じように、解決前のアウトプット量の合計と、解決後のアウトプット量の合計を出します。

最後にそれぞれに、アウトプット量をインプット量で割ります。この割って出た数値が、価値を表す指標となります。その数値が解決前と解決後で増えていれば、価値を高めることができたことを意味しています。

表5-1 「会議の運営」の価値確認

	解決前		解決後	
	インプット	アウトプット	インプット	アウトプット
内容を把握する	1	2	1	2
参加者を増やす	2	1	2	3
議論を進めやすくする	4	3	4	4
議論を活かす	5	4	4	5
合計値	12	10	11	14
価値	10 ÷ 12 ≒ 0.83		14 ÷ 11 ≒ 1.27	

ここまでのやり方を、「会議の運営」の例で確認してみましょう。解決前のインプット量とアウトプット量はすでにわかっています。そして、解決後のインプット量とアウトプット量をロールプレイにより見ていきます。そして、それぞれの数値を合計して割り算します。それらをまとめたのが、**表5-1**です。

これで、解決手段を採用しても大丈夫であることが確認できました。

問題に直面したときから解決手段にまとめるまで、長かったかもしれませんが、いかがでしたか。解決しなければならない問題に対する、ワンランク上の問題解決を導くことができたでしょうか。

ファンクショナル・アプローチの原理を少しでもわかっていただけたら幸いです。常にファンクションで考えることは、遠回りのようで、実際は最短の方法なのです。

手順5　いよいよ解決手段を実行する

さて、改善点と解決手段がだいぶそろいました。さあ、いよいよ実行に移す段階です。そして、その効果も測定しておきます。

解決手段の実行では今までと違い、具体的に変えていかなければなりません。「モノ」や「コト」が変化するときは、それを取り巻く環境にも影響を与えます。思いもよらないところで、新たな障害が生じるかもしれません。そして、変化を拒む思いが生じる人も出てきます。そして、何よりもあなたの手を離れていくことが、大きいかもしれません。解決手段をいろいろな人に、働きかけていかなければならないこともあるでしょう。

つまり、**解決手段を実行に移すということは、リリース（解放）することであり、独り立ちをさせることになるのです。**

あなたは、次のことに気を配らなければなりません。

・解決手段がうまく実行されているか？
・解決の手段が確実に理解されているか？
・新たな障害が生じていないか？
・疑問を持っている人がいないか？
・パフォーマンスが予定通り提供されているか？
・リソースが想定どおりに収まっているか？

実行に移すことこそが問題解決の本番かもしれませんが、その成果の80％はすでに決まっています。そのことを忘れずに、自信を持って実行してください。

第6章

日常をファンクショナル・アプローチで考える

1

見聞きするもの、手に触れるものをテーマにする

ファンクショナル・アプローチは、普段見ているものと違った視点を持つことで、これまで改善できなかったことを改善する技法です。その視点を常に身につけておくことにより、日常のあらゆるところで、ワンランク上の問題解決の考え方が簡単にできるようになります（図6－1）。

あなたも、ぜひファンクショナルな視点を身につけてみましょう。

朝起きてから夜寝るまで、あなたの目に入るもの、耳に聞こえてくるもの、手に触れるものなどから始めてみましょう。どんなに小さなものでも、当たり前のようなものでも、そこには、誰かの何かの意図があると考えてみるのです。

図6-1｜生活の中にファンクションを見つける

シーン1　家にて

目覚まし時計のスヌーズ機能、洋式トイレの上ぶた、たんすの上の常備薬、ヘアドライヤーの冷風機能、歯磨き粉のミントの香り、トースターのパンくず受け、マグカップの取っ手、テレビのリモコン……

シーン2　電車にて

つり革の形、手すりの太さ、優先席の位置、中吊り広告の位置、窓の開く方向、蛍光灯の配置、一車両あたりのドアの数、ホームの点字ブロック、車掌の案内、ドアの上の電光掲示板、路線図……

シーン3　会社にて

タイムカードの置き場所、毎朝行われる朝礼、机の上にある資料、引き出しの中の筆記具、上司への報告、仕事の合間の休憩、少し大きめの会議テーブル、壁にかかっている行動予定表……

シーン4　居酒屋にて

箸袋、箸置き、紙のコースター、注文しなくても出てくるお通し、店員を呼び出すベル、つけ合わせのパセリ、焼き鳥の串、エビフライの尻尾、壁に貼ってある“今日のおすすめ”、冷酒の受皿……

私たちは毎日、いろいろな「モノ」や「コト」に出合っています。ただ、何も気にせずに過ごしているだけなのです。一つひとつをよく見てみると、新しい発見があるかもしれません。自分の今抱えている課題のヒントが見つかるかもしれません。

せっかくいろいろな「モノ」や「コト」と出合っているのですから、それを利用しない手はありません。自分のスキルを高めるチャンスにするのです。

2 「何のために?」「誰のために?」に答えてみる

次にテーマをよく観察しましょう。観察とは、じっくりと観て、何かを察することです。簡単にではなく、詳しく見てみましょう。そうすると、他と違うところ、自分の思っていた部分と異なるところなどが見つかります。そうしたときに、ファンクションに置きかえてみることです。そのときには、次の質問が役に立つでしょう。


「これは、どんな機能があるのだろうか?」

「これは、何に役立っているのだろうか?」

「何のために、これが存在しているのだろうか?」

「どんな目的があるのだろうか?」

「誰のためにあるのだろうか？」

「もしこれがなかったら、誰が困るのだろうか？」

「もしこれが機能しなかったら、どんな不具合が出るのだろうか？」


答えが見つかれば、「なるほどね」と納得しましょう。見つからなかったら、誰かに聞いたり調べたりするのもいいでしょう。いろいろな「モノ」や「コト」が、実は知らないところで意外と役立っていることがわかります。そして、もし答えがなかったら、それは無駄なものです。すぐに取りやめていいのかもしれません。


「魚の煮つけ」という笑い話があります。

あるお宅にお邪魔したときのこと、そこのお嬢さんが魚の煮つけを作ってくれました。調理している様子を見ていると、どうも変わったやり方をしています。そこで聞いてみました。

「何のために、尻尾を切り落とすのですか？」

そのお嬢さんは、このように答えました。

「私もよくわからないのですが、母に、こうするように教わりました」

そこで横にいるお母さんに同じように聞いたところ、お母さんはこう答えました。

「私もよくわからないのですが、母がいつもしていたのを見て覚えたのです。味のしみ方が良くなるのではないでしょうか」

仕方がないのでおばあさんのところに行き、「おばあさん、娘さんやお孫さんがあなたに教わったとおりにいつも魚の尻尾を切っていますが、何か理由があるのですか？」と聞いてみました。すると、おばあさんは笑いながらこう答えたのでした。

「教えたときに、たまたま私が使っていた鍋が小さかっただけよ」

「何のために？」「誰のために？」の質問だけで、多くのことが解決されるはずです。**ぜひ、この「ファンクション探し」の習慣をつけてください。**あなたの毎日は飛躍的に改善されていくことでしょう。

3 キー・ファンクションを見つける

「ファンクション探し」には慣れてきましたか？　慣れてきたら、少しレベルを上げていきましょう。キー・ファンクションを見つけるのです。

キー・ファンクションとは、そのテーマを通して果たされるべき基本的なファンクションでした。「ファンクション探し」で見つかったファンクションに対して、さらにその上位のファンクションを探していきます。つまり、「何のために？」を繰り返すのです。

「そのファンクションは、何のためにあるのだろうか？」
「そのファンクションを通して、何を実現しようとしているのか？」
「そのファンクションにより、どんな効用が生まれるのか？」

出てきたファンクションに対して、さらに同じ質問を繰り返していきます。こうすることで、本質的なファンクションにたどり着きます。これが、キー・ファンクションです。本質的なファンクションとは、「そもそも」達成するべきファンクションです。いかなる手段であろうとも、使用する人に対して提供していかなければならないファンクションなのです。

ここでファンクションの種類について説明しておきましょう。ファンクションの性質によって分類することができます。キー・ファンクションが見つからないときは、分類から見ていくこともできます。分類については図6-2をご参考にしてください。

テーマに対するキー・ファンクションが見つけられるようになれば、もう、あなたはファンクショナルな視点を身につけているといってもいいでしょう。

簡単なテーマであれば、それらをFASTダイアグラムにまとめることも簡単にできます。例に挙げていた照明スタンドについてFASTダイアグラムにまとめると、図6-3のようになります。最上位ファンクションは《周囲を照らす》です。3つめのレベルから右側は省略しています。

図6-2｜ファンクションを分類する

原理にかかわるファンクション
テーマの原理、方式にかかわるファンクションです。
照明スタンドであれば《光を出す》などがこれにあたります。

効率にかかわるファンクション
有効性や効率を高めたりすることにかかわるファンクションです。
照明スタンドであれば《光を集める》などがこれにあたります。

継続にかかわるファンクション
時間的に状態を保つことにかかわるファンクションです。
照明スタンドであれば《部品を固定する》などがこれにあたります。

取扱いにかかわるファンクション
使用や持ち運びなど取扱いにかかわるファンクションです。
照明スタンドであれば《移動を容易にする》などがこれにあたります。

印象にかかわるファンクション
人が受ける印象にかかわるファンクションです。
照明スタンドであれば《雰囲気を和らげる》などがこれにあたります。

安全にかかわるファンクション
使用に際しての安全にかかわるファンクションです。
照明スタンドであれば《転倒を防ぐ》などがこれにあたります。

社会にかかわるファンクション
使用者の価値観や社会要請にかかわるファンクションです。
照明スタンドであれば《リサイクルを可能にする》などがこれにあたります。

図6-3｜「照明スタンド」のFASTダイアグラム

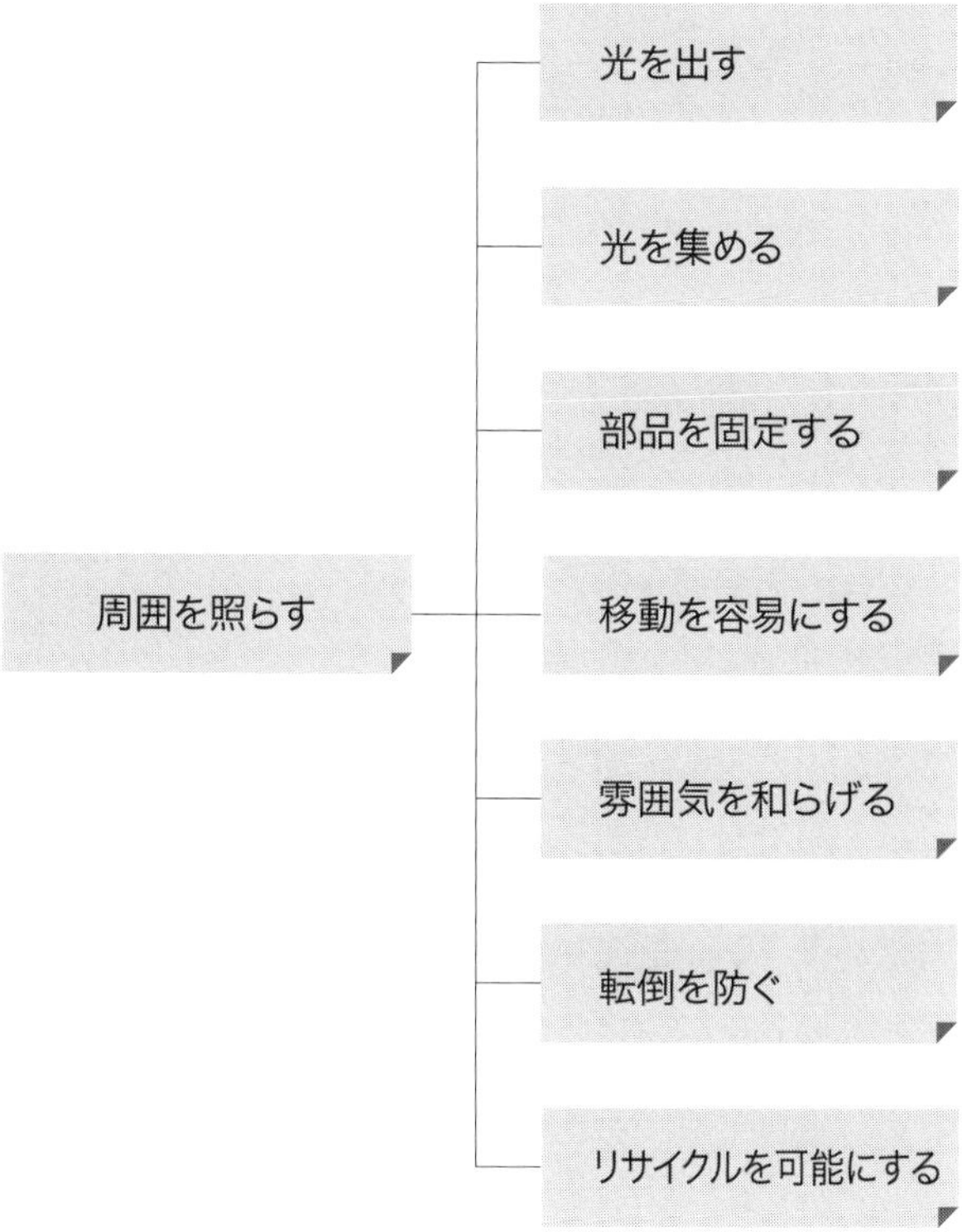

4 価値のグレードを判断する

キー・ファンクションがわかったら、次は、それが価値の高いものかそうでないかを見てみましょう。見るといっても、測定や計算の必要はありません。その場で見ておおよそ理解できるようになれば十分です。

151ページに書いたように、価値のグレードは、インプット量とアウトプット量の比で表すことができます。少ないインプット量で多くのアウトプット量を提供できれば、それは価値が高いということです。インプット量とは、投入しているリソースです。アウトプット量とは、提供しているパフォーマンスです。それぞれを3段階に区分してみましょう（図6－4）。

インプット量↓コスト、時間、空間、手間といったリソース（資源）が投入されている程度を相対的に見て、「ラージ」「ミディアム」「スモール」に区分する。
アウトプット量↓相手、あるいは使用者などが要求している水準に対してパフォーマンスがどの程度達成しているかを見て、「グッド」「フェア」「プア」に区分する。

インプット量を見るときは、実際にどれだけ費やしているのか、よく観察することです。具体的に把握できれば、なお正確です。

「このファンクションを達成するために、たくさんのリソースを投入しているか？」
「このファンクションを達成するために、投入しているリソースは平均的か？」
「このファンクションを達成するために、あまりリソースを投入していないか？」

アウトプット量を見るときは、相手の立場、使用者の視点になってロールプレイをしてください。自分自身が使用者であるときでも、使用時の自分になることがポイントです。
そして、「思いを馳せてみる」ことです。

「このファンクションは、相手の求めている水準に、すでに十分達成しているか？」
「このファンクションは、相手の求めている水準に、かろうじて達成しているか？」
「このファンクションは、相手の求めている水準に、まだ達成していないか？」

最後に、アプローチ・チャートに当てはめて見ましょう（図6-4）。左上が価値の高いエリア、右下が価値の低いエリアでした。どのセルに当てはまるかを見てください。そして、どのファンクションに問題があるのか、改善するべきなのかを読みとってください。具体的には、「C」や「D」のグレードが見つかった場合、どちらへどのくらい動かせば、「A」や「B」のグレードになるかを見ればいいのです。

慣れてくると、アプローチ・チャートを使わなくても、すぐに判断できます。そして、今まで気づかずに見過ごしていた改善点を次々と探し出すことができます。日常の中での「**改善点探し**」です。常に「改善点探し」をする習慣をつけていきましょう。

図6-4｜アプローチ・チャート

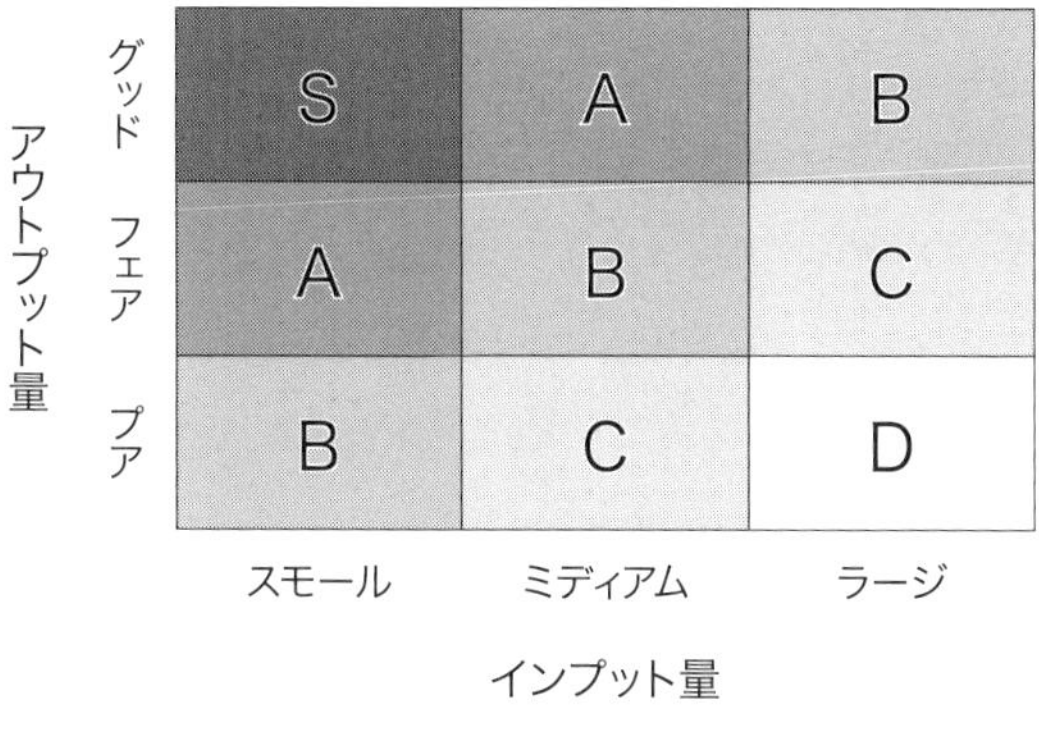

5

もし改善するなら、どのようにするかを考える

最後に、解決手段を考えましょう。

「もし自分が当事者であったら、どんな問題解決をするか」を考えてみます。実際に改善を提案する必要はありません。考えるだけでいいのです。自分で改善のアイデアを発想してみるのです。

「もし自分なら、どの改善点をどのように変更するか？」
「もし価値を高めるなら、どのように改善すれば良いか？」
「もし改善するとすれば、どうするか？」

図6-5｜発想を記録するツール

ノート
ノートを作って、毎日書いていきます。ノートには日付、連番、テーマ、略図、解決手段を書き込みます。

デジカメ
デジカメで対象物を撮り、パソコンに保存します。写真にコメントがつけられるソフトがあると便利です。

携帯電話
携帯電話のカメラで対象物を撮り、メールに添付して自分のパソコンに送信します。メールの件名にテーマを書き、本文に解決手段を書いておきます。

この「もし」という前提で考えてください。こうすれば、脳は自由になれます。脳を自由にさせて、発想の習慣をつけることです。誰かに伝える必要もありません。改善しなければならないものでもありません。

頭の中のバーチャルな世界で、その発想をどんどん練っていくのです。「こうすれば、どうだろう」「ああすれば、もっと良くなるかもしれない」「じゃあ、いっそのことこんなふうにしてみようか」などと、頭の中で遊んでください。

ただ、発想したものを記録しておくことです。「今日は、いくつのテーマで訓練できたか」「今週は、いくつバーチャル改善したか」「今月は、全部でいくつだったか」といったことを自分で確認しながら訓練していきます。そのうちすぐに、あなたも「ファンクショナル・アプローチ・マスター」になれること間違いないでしょう。

記録方法を、いくつか紹介しておきましょう（図6－5）。

もしかしたら、訓練のつもりで考えた解決手段が、本当に改善できるようになるかもしれません。あるいは、類似の問題が発生したときに、すぐに参考にできるかもしれません。そんなことができれば、最高にすばらしいことではないでしょうか。

スパークが起きる50時間のワークショップ

ビジネスにおいて、ファンクショナル・アプローチが実際にどんなふうに用いられているのかについて、私のワークショップの一例をご紹介します。

どのようなテーマに対して行うかによって、かなり違いがありますが、平均的なものでいうと、メンバーは７～８人が理想です。少なすぎると情報も知恵も限られますし、多すぎると全員が議論に参加できなくなります。そして、ファンクショナル・アプローチの実施手順に沿ってワークショップ方式で進めていきます。全活動時間は、40～50時間です。朝から晩までメンバー全員が会議室に缶詰めになります。それを日常の業務から完全に独立した状態で、数日間行います。

50時間も頭を使っていると、その会議室の中では、次第にすごいことが起こりはじめます。いわば「スパーク」です。

ワークショップが終わったときの達成感は、得も言われぬものです。一緒に知恵を絞った仲間から後日こんな話を聞きました。「最終日、クタクタになって家に帰ったら、妻に、『あなた、今日はとても良い顔をしているわね。私、そんなあなたを今まで見たことないわ』と言われた」のだそうです。

ファンクショナル・アプローチは、人の笑顔まで変えてしまうのです。

終　章

目標に向かって、
とるべき針路を見つけよう

ファンクショナル・アプローチは〝羅針盤〟

ここまで読み進めてきたあなたは、もう、本書を読む前のあなたとは違います。そのことをすでに実感されているかもしれませんし、まだ実感が湧いていない方もおられるかもしれません。

ともあれ、あなたはワンランク上の問題解決の原理を手に入れました。この原理を活用することで、これからのあなたの人生が大きく変わることだってあるかもしれません。

あなたは今、何かの目標や夢、あるべき姿あるいは理想に向かって進んでいます。しかし、よくみると、想定していた状態とかなり異なっていることに気がつきました。そう、問題が発生しているのです。この問題を解決するためにあなたが取り出したものは、ファンクショナル・アプローチです。これを使って、次にとるべき方角を見出し、再び目標に向かって進むのです。

目標に向かうということは、大航海の旅に出かけるようなものです。

図7-1｜問題解決のための針路を示す羅針盤

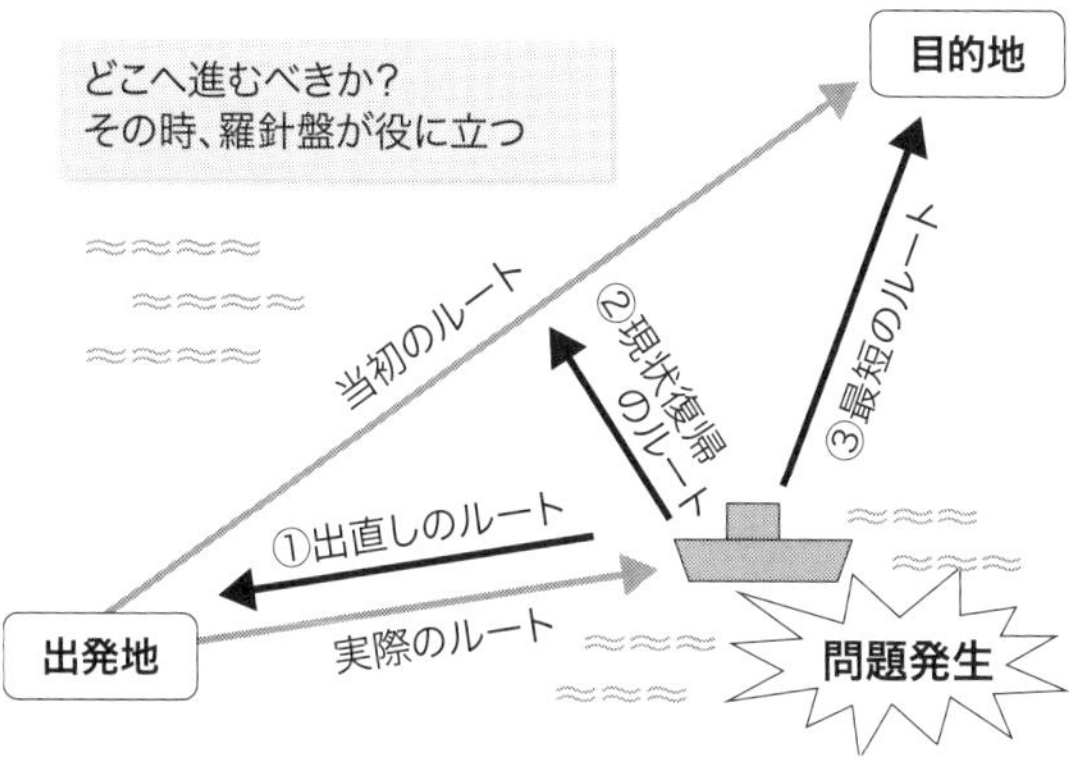

あなたは今、目的地に向かって大海原を進んでいます。しかしよく見ると、想定していた位置とかなり異なった地点にいることに気がつきました。そう、問題が発生しているのです。この問題を解決するために、あなたが取り出したものは、羅針盤です。これを使って、次にとるべきルートを見つけだし、再び目的地に向かって進みます。

もし羅針盤がなければ、広い海の上で、何を頼りに進む方向を決めるのでしょう？　経験？　度胸？　遠くまで見える望遠鏡？　それとも風任せ？　それでは、ビジネスの大海原で漂流するようなものです。

ファンクショナル・アプローチは、問題を

解決するときに忘れてはならない「羅針盤」のようなものです。しかも、目的地に向かう最短ルートを示してくれます（図7－1）。

ファンクショナル・アプローチで就職活動を乗りきる

以前、大学3年生の学生さんからこんな質問をされました。

「これから、就職活動を始めるのですが、どうすればいいのでしょうか？」

そこで私は、ファンクショナル・アプローチの手法を教えてあげることにしました。改善のテーマは「就職活動」です。「就職活動」をより価値の高い活動にするには、どの部分をどのように改善すればいいのかを見つけるのです。

彼はまず、今行おうとしている就職活動の内容を調べていきました。そして、それぞれの活動からファンクションを抜き出していったのです（図7－2）。

ファンクションを抜き出す段階になってくると、早くも自分で気がつきはじめます。

「何のために、英会話を習っているのだろう？」

「何のために、面接での答え方を練習するのだろう？」

図7-2｜「就職活動」のFASTダイアグラム

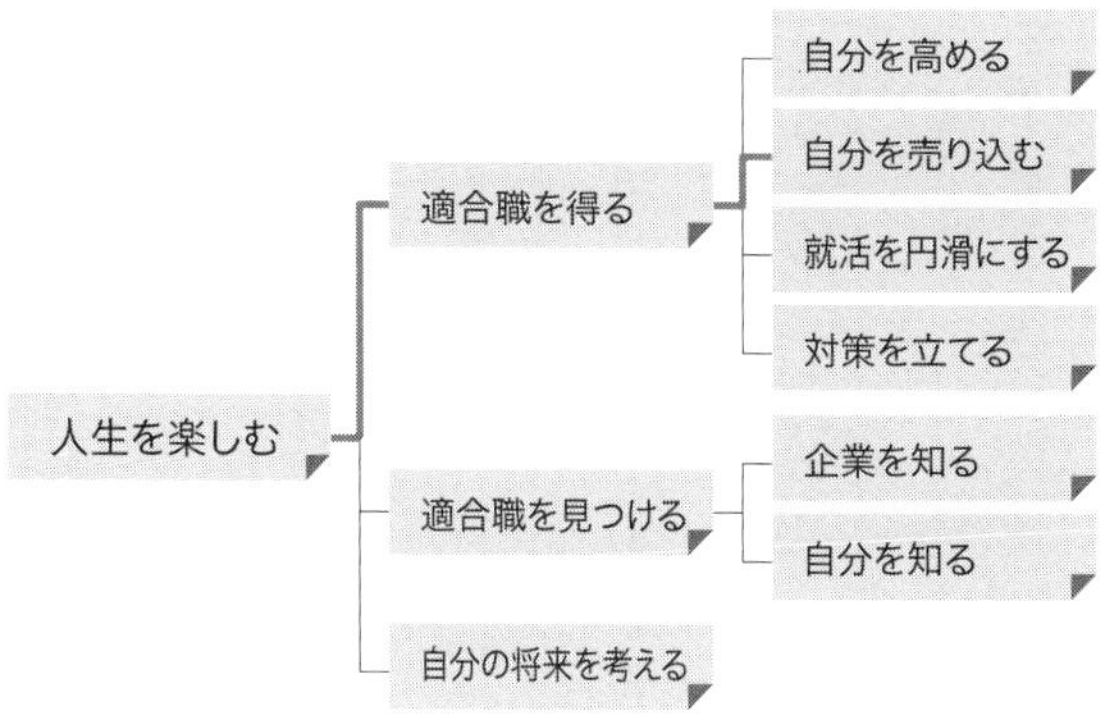

「何のために、夜遅くまでインターネットで企業情報を調べるのだろう？」

そして、それぞれのファンクションを整理していくと、もっと気づいていくのでした。

「そうか、英会話を習っているのは、自分を高めるためだったのですね」

「そうか、面接での答え方を練習するのは、自分を売り込むためだったのですね」

どんどん、自分で気づいていくのです。「就職活動」は目的ではなく、手段であるということに。

「就職活動をすることに必死になる必要はないのですね」

「毎日つらい思いをしなくてもいいのですね」

その学生さんは、「就活が楽しくなった」と、完成したＦＡＳＴダイアグラムの前でガッツポーズをとり、満足げでした。

ファンクショナル・アプローチで職場の残業を減らす

また、こんな依頼も受けました。

「最近、部下の勤務時間が増えてしまい、毎日遅くまで仕事をしなければならないのだが、何とか解決する手だてはないものだろうか？」

私は、ファンクショナル・アプローチを使って残業を分析することとしました。実際に残業が多い人に手伝ってもらい、「勤務」をテーマに、無駄な時間を取り除くことを見つけるのです。

「勤務」の中身を明らかにし、それぞれからファンクションを抜き出して、そして整理していくのです（図７-３）。自分たちがしている作業がいったい「何のため」なのかについて、探っていくのです。そうすると、目的のあいまいなものや、目的のないものが見つか

図7-3｜「勤務」のFASTダイアグラム

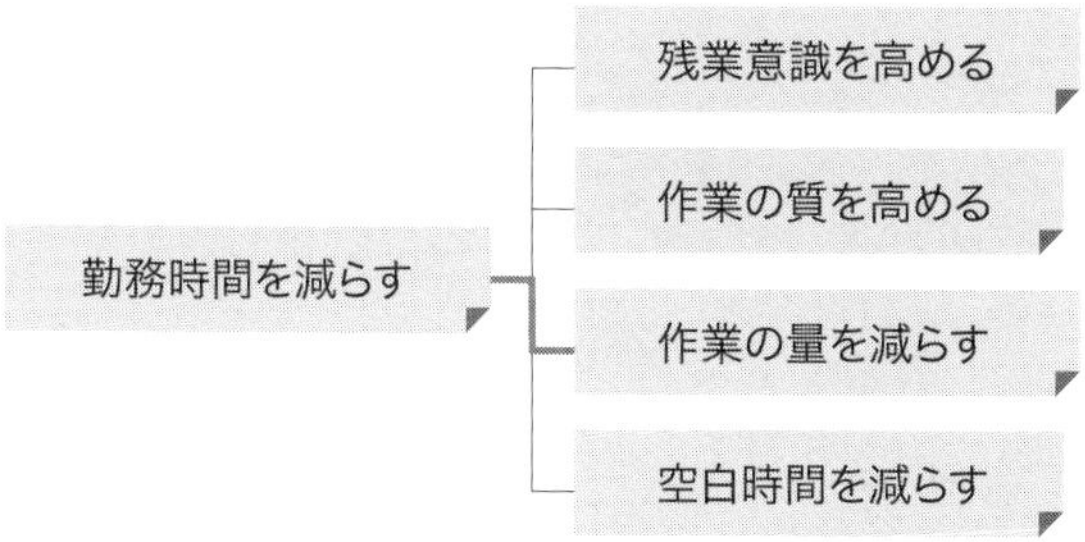

ったりしてきました。
「何だ、この作業はもう必要ないじゃないか」
「この作業はもっと簡単にしてもよかったんだ」
　このような改善点が次々と見つかっていきました。そして最終的には改善策に取りまとめ、皆で共有して残業を減らしていったのです。

　このように、ファンクショナル・アプローチの手法を知っていれば、いつでも取り出して、解決手段の方向を調べることができます。一緒に手伝ってくれるメンバーの意識も変わり、より改善が進みやすくなるのです。
　あなたもすでに「羅針盤」を手にしていいま

す。後は、それを使うだけです。イザというとき、いつでも使えるようにしておきましょう。

ファンクショナル・アプローチで最高のプレゼンテーションをつくる

プレゼンテーションは、今では最も基本的なビジネス・スキルのひとつでしょう。誰もが、プレゼンテーションがうまくなりたいと思っています。

世の中には、プレゼンテーションに関する研修や書籍がたくさんあります。私もいろいろと勉強しました。でも、ほとんどがテクニック論で、「何のため」のプレゼンテーションなのかが、よくわかりません。

そこで、プレゼンテーションをテーマにして、ファンクショナル・アプローチの手法を使って改善してみようと思います。人前で話す目的、資料を作る意図、パワーポイントを使う効用などを抽出していけば、プレゼンテーションの本質にたどり着くことでしょう。

①テーマ概要

Aさんはいつもしているように、お客さんのところへ行き、集まってもらった20人くらいの幹部を対象に、自社の技術を紹介しました。できるかぎり興味を持ってもらうために、自社の優れているところをアピールしました。できれば、仕事としてつながっていくことを期待しています。

②構成パーツ

プレゼンテーションを構成しているパーツは、会場、プロジェクター、配布資料、発表者です。

③ファンクション抽出、FASTダイアグラム

それぞれのパーツからファンクションを抽出し、FASTダイアグラムに整理しました。出てきたキー・ファンクションは、《内容を伝える》《理解を助ける》《気持ちを伝える》《安心感を与える》の4つでした。つまり、この4つが本来、参加者に提供するべき本質であることがわかったのです。クリティカル・パス・ファンクションは、《内容を伝える》の系列でした（図7-4）。

図7-4｜「プレゼンテーション」のFASTダイアグラム

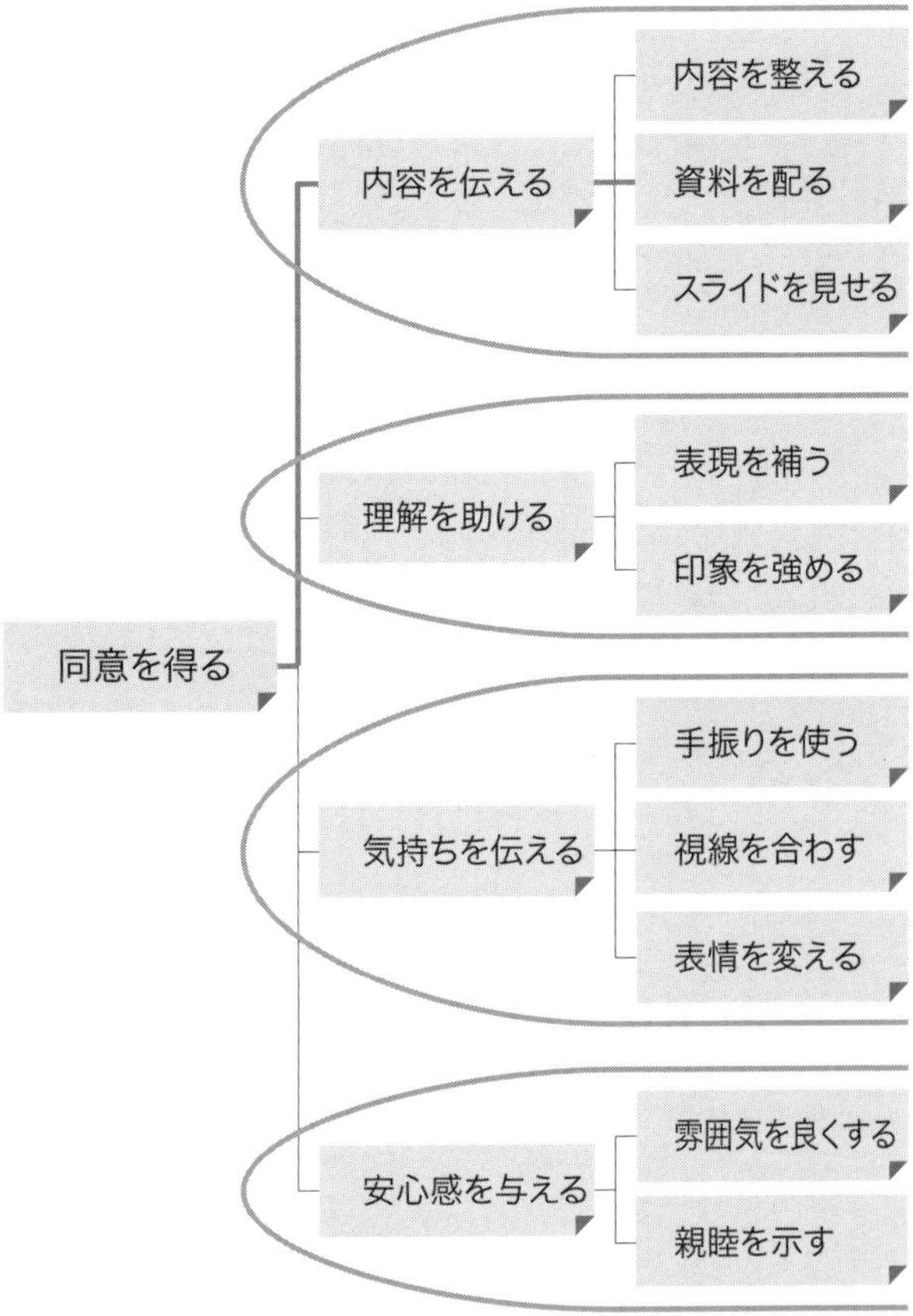

④アプローチ・チャート

キー・ファンクションごとに、Ａさんのやり方でのインプット量と、そのときの参加者に対してのアウトプット量を数値化します。そしてアプローチ・チャートに当てはめると、次のことがわかりました。《内容を伝える》と《気持ちを伝える》は、かけている労力を減らすべきです。そして、相手の要求に合った内容に変える必要があります。《理解を助ける》は、努力している割には、効果が出ていません。もっと違うやり方で理解を助けることを考えていくべきです。《安心感を与える》は、まったく配慮されていません。もっと工夫して、相手に安心感を与えることを考えなければなりません（図７－５）。

⑤解決手段

解決手段の一例は、このようなものです。

「パワーポイントを作成するのに時間をかけるのではなく、その時間を目線の配り方や立ち居振る舞い、声の出し方や話し方の練習にあてる」

「自分の気持ちばかりが先行し、相手に安心感を与えることをしていないため、自分の話したい内容を話すのではなく、相手が聞きたいであろう内容に構成を変える」

⑥価値の確認

現行のやり方は、価値が相当低かったようです。どうりで、いつもうまくいかないわけです。解決手段を実行すれば、Aさんのプレゼンテーションの価値は倍以上に高まることでしょう（図7-6）。

このように、プレゼンテーションを考えた場合、**「資料を配って、人の前で話をする」というのは、あくまで手段でしかないのです。**資料を作ることや話をすることに意識がいってしまうと、自分勝手なプレゼンテーションになってしまいます。常に、相手の立場になってロールプレイをすると、おのずと自分が何をするべきかがわかってきます。

いかがですか？　ファンクショナル・アプローチという「羅針盤」を使えば、最高のプレゼンテーションを手に入れるために、どこに向かって進めばいいかを、ここまで示してくれるのです。

図7-5｜「プレゼンテーション」のアプローチ・チャート

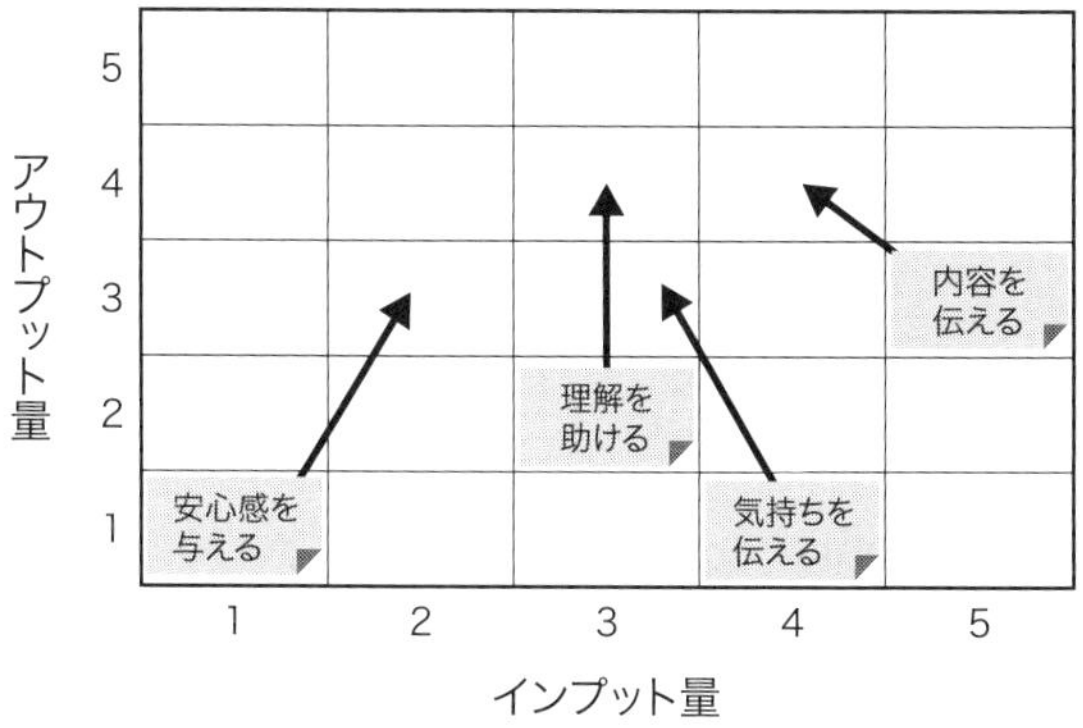

図7-6｜「プレゼンテーション」の価値確認

	解決前		解決後	
	インプット	アウトプット	インプット	アウトプット
内容を伝える	5	3	4	4
理解を助ける	3	2	3	4
気持ちを伝える	4	1	3	3
安心感を与える	1	1	2	3
合計値	13	7	12	14
価値	7 ÷ 13 ≒ 0.54		14 ÷ 12 ≒ 1.17	

ファンクショナル・アプローチでクレーム対応を改善する

話し方に関してファンクショナル・アプローチを使ってみたので、今度は、聞き方にも応用してみましょう。こちらもビジネスでは必須のスキルです。お客さんとのコミュニケーションだけではなく、上司や部下とのコミュニケーション、家族とのコミュニケーションなど、あらゆる場面で必要となります。

①テーマ概要

金曜日の夕方、K課長のところにクレームの電話がかかってきました。大切なお客さんなのですが、大声で怒鳴るように「何だ、あの資料は」と言われました。K課長は、「すぐに手配して今日中に届けさせます」と返答し、何とか怒りを静めようと、一生懸命に謝りましたが、一向に怒りを静めてくれませんでした。

②構成パーツ

このクレームの電話の会話を構成しているのは、頭にきているお客さん、平謝りのK課長、新たな資料です。

③ファンクション抽出、FASTダイアグラム

それぞれのパーツからファンクションを抽出し、FASTダイアグラムに整理しました（図7－7）。出てきたキー・ファンクションは、《状況を知る》《気持ちを落ち着かせる》《責任を果たす》で、クリティカル・パス・ファンクションは、《状況を知る》の系列でした。

④アプローチ・チャート

K課長は、《気持ちを落ち着かせる》ために一生懸命謝りましたが、お客さんの期待しているレベルには到達していませんでした。それは、《対応策を伝える》ことと《反省の意を示す》ことだけで、達成しようとしていたからです。《理解を示す》ことが十分でなかったため、パフォーマンスが落ちているのでした（図7－8）。

同じように《状況を知る》ことを簡単に済ませてしまわずに、お客さんの《感情を知る》ことやお客さんに与えた《被害を知る》ことにもっと気を使うべきです。

図7-7｜「クレーム対応」のFASTダイアグラム

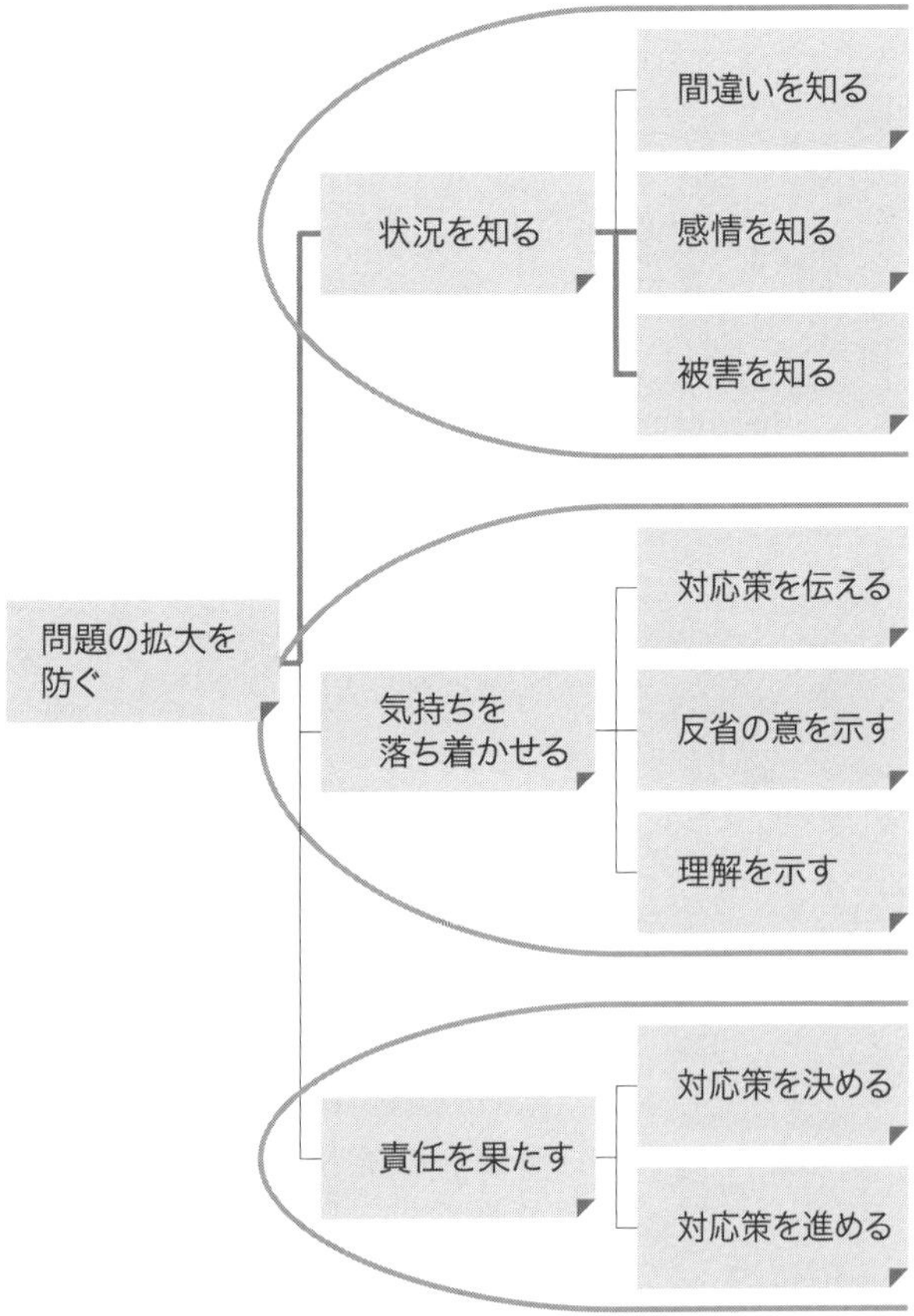

一方、《責任を果たす》ことは、お客さんにとって十分満足のいくものとなっています。K課長は、責任を果たせば良いと思っていたのでしょう。

⑤解決手段

K課長への解決手段はこのような策が考えられます。「お客さんの気持ちを察する必要があるので、謝る前に、その感情に耳をかたむける必要がある」「自分の責任を果たすことばかりを説明するのではなく、相手にどれだけの被害があるのかを知り、お客さんの立場を理解する必要がある」

⑥価値の確認

現行のやり方は、相手の視点に立っていなかったので、せっかくの努力が実らない結果となっていました。解決手段を実行すれば、価値のある電話の応対ができることでしょう。電話だからといって手を抜いてはいけません。コミュニケーションを間違えると大きな問題に発展してしまいます。

クレーム電話を受けたら、《状況を知る》ことと《気持ちを落ち着かせる》ことの両方を行わなければならないことがわかりました。《責任を果たす》ことは当然のことですが、お客さんが怒りを示しているのは「何のため」かというと、それは《感情を伝える》ためだということがわかります。つまり、大声を上げることは目的ではなく手段なのです。**K課長が耳をかたむけるべきは、「お客さんが大声を上げている」ことではなく、「お客さんが感情を伝えようとしている」ことなのです。**このことに気がつけば、間違いなく適切な対応ができることでしょう（図7－9）。

図7-8｜「クレーム対応」のアプローチ・チャート

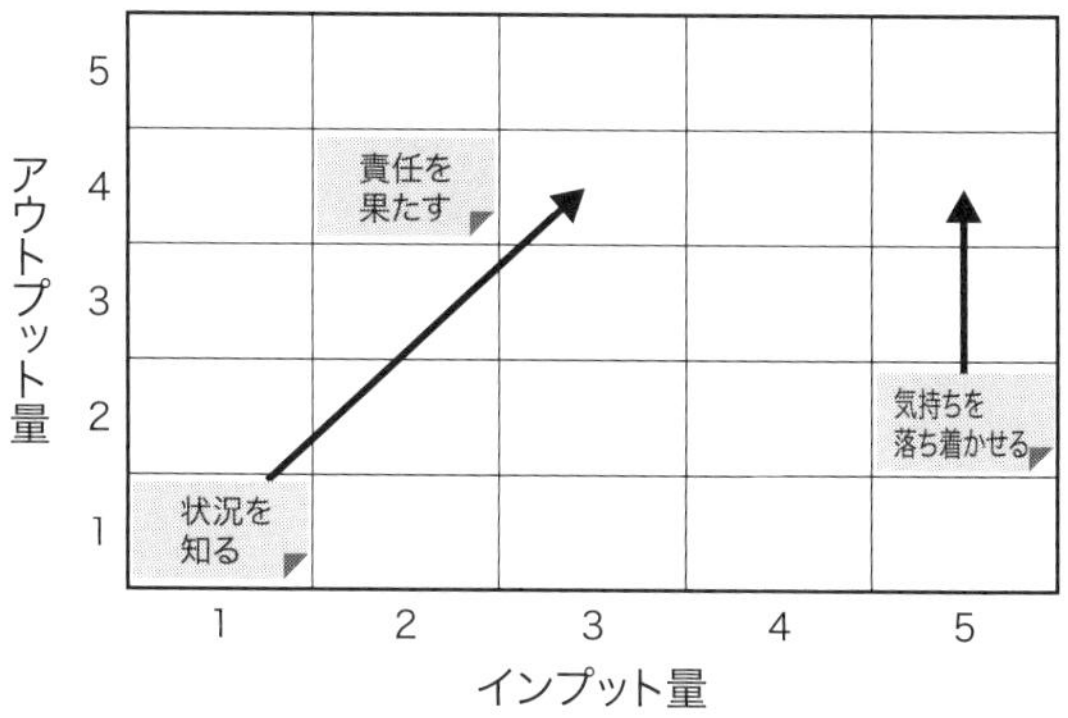

図7-9｜「クレーム対応」の価値確認

	解決前		解決後	
	インプット	アウトプット	インプット	アウトプット
状況を知る	1	1	3	4
気持ちを落ち着かせる	5	2	5	4
責任を果たす	2	4	2	4
合計値	8	7	10	12
価値	7 ÷ 8 ≒ 0.88		12 ÷ 10 ＝ 1.20	

表現された結果からファンクションを見いだす

　こうして見てくると、世の中のすべては、表現で成り立っているということがわかります。あなたも、私も、表現の世界で毎日を暮らしていることになります。誰かが、何らかの意図を達成しようと思い、手段を選択しました。そして、その手段が実行されることによって、その結果が表に現れたのです。だから、表現なのです。

「モノ」も「コト」も、「ウゴキ」も「コトバ」も、すべて表現されたものです。表に現れた結果なのです。そんなふうに、考えてみたことがありますか？　世の中をそういう視点で見てみたことがありますか？

　しかし私たちは、表現された結果からしか受け取ることができません。「モノ」を通じて、「コト」を通じて、「ウゴキ」を通じて、「コトバ」を通じて、何らかの意図を受け取っているのです。表現が間違っていれば、間違ったなりに受け取ってしまいます。結果がおかしければ、おかしいなりに受け取ってしまうのです。

　仮にうまく表現されているとしても、その意図まで受け取れるかどうかも定かではありません。先入観や固定観念のなかで処理されてしまったり、早合点してしまったりするからです。それでは、確実に受け取れているとはいえないでしょう。

表現された結果からファンクションが見えるということは、すばらしいことです。ファンクションが見えれば、本質を見いだすことができます。本質を見いだすことができれば、進むべき方向がわかります。

表現された結果だけを見て、表現された結果から考えて、表現された結果を変えようとすることは、まるで、「モグラたたき」のようなものです。「ひたすら続くその場しのぎの作業」です。このような繰り返しには、もう終止符を打ちましょう。

本質が見えれば、結果に惑わされることはありません。結果そのものには意味がないことがわかっているからです。**本質を見て、本質から考えて、本質から変えようとすること**が、とても大切なことです。

これこそが、ファンクショナル・アプローチの最大のメリットです。

あなたこそが羅針盤

ファンクショナル・アプローチは、ひとつの問題解決のための方法論です。あるいは、価値向上のための管理技術と表現してもいいでしょう。本書には、その考え方とテクニックのエッセンスが紹介されています。あなたも、それを読んできました。

《ファンクショナル・アプローチを知る》ことを通してあなたに気づいていただきたいのは、《視点を変える》ことです。**ファンクショナル・アプローチは、視点を変えるための手段です。**ファンクショナル・アプローチを身につけたとき、あなたには新しいものの見方が身につきます。ひとたびそれが身につけば、もう迷うことはありません。

ファンクショナル・アプローチはあなたの羅針盤となって、あなたの問題解決の航海を助けてくれることでしょう。どんな大航海であっても羅針盤さえあれば、進むべき方向がわかるようになります。

そして、それを身につけたあなたこそが羅針盤となります。今度は、あなた自身が、周りの人を導いてください。さまざまな問題解決の方向を示せる人となっていただきたいと思います。目の前に問題解決で立ち止まっている人がいたならば、小さな問題であろうが、大きな問題であろうが、ぜひファンクショナル・アプローチの存在を教えてあげてください。羅針盤自体は小さなものかもしれませんが、どんなに大きな船であっても必ず必要なものです。

最後まで、お読みいただいたあなたに、ファンクショナル・アプローチの生みの親であるローレンス・D・マイルズが残した言葉を贈ります。

“Mind tuning is an essential step in problem solving.”
(意識を変えることは、問題解決において、極めて重要な一歩である)

付　録

ファンクショナル・アプローチ・シート

本書で紹介しているファンクショナル・アプローチの手法をすぐに使っていただけるように、シートを4枚ずつ用意しました。コピーをとるなどして、訓練や簡易なテーマにお使いください。なお著者サイト（https://www-fa-ken.jp/s/fasheet）で電子データも公開していますので、ご活用ください。

- シート1　テーマ概要、パーツ分け、ファンクション抽出
- シート2　FASTダイアグラム
- シート3　アイデア発想
- シート4　インプット量、アウトプット量、アプローチ・チャート
- シート5　解決手段、価値確認

<table>
<tr><td>テーマ概要</td><td colspan="2"></td></tr>
<tr><td rowspan="2">ファンクション抽出</td><td>構成パーツ</td><td>ファンクション</td></tr>
<tr><td></td><td></td></tr>
</table>

シート1

テーマ概要		
ファンクション抽出	構成パーツ	ファンクション

シート1

<table>
<tr><td>テーマ概要</td><td colspan="2"></td></tr>
<tr><td rowspan="2">ファンクション抽出</td><td>構成パーツ</td><td>ファンクション</td></tr>
<tr><td></td><td></td></tr>
</table>

シート1

テーマ概要		
ファンクション抽出	構成パーツ	ファンクション

シート1

FASTダイアグラム

シート2

FASTダイアグラム	

シート2

FASTダイアグラム	

シート2

FASTダイアグラム	

シート2

アプローチ・チャート

キー・ファンクション	インプット量	アウトプット量
S:ほんの少し投入、M:平均的な投入、L:かなり投入	G:グッド、F:フェア、P:プア	

アウトプット量			
G			
F			
P			
	S	M	L

インプット量

シート3

アプローチ・チャート

キー・ファンクション	インプット量	アウトプット量
S:ほんの少し投入、M:平均的な投入、L:かなり投入	G:グッド、F:フェア、P:プア	

アウトプット量

G			
F			
P			
	S	M	L

インプット量

シート3

アプローチ・チャート

キー・ファンクション	インプット量	アウトプット量
S:ほんの少し投入、M:平均的な投入、L:かなり投入	G:グッド、F:フェア、P:プア	

アウトプット量			
G			
F			
P			
	S	M	L

インプット量

シート3

アプローチ・チャート

キー・ファンクション	インプット量	アウトプット量
S：ほんの少し投入、M：平均的な投入、L：かなり投入	G：グッド、F：フェア、P：プア	

アウトプット量				
	G			
	F			
	P			
		S	M	L
		インプット量		

シート3

アイデア発想	キー・ファンクションおよびアイデア	

シート4

アイデア発想	キー・ファンクションおよびアイデア	

シート4

	キー・ファンクションおよびアイデア	
アイデア発想		

シート4

	キー・ファンクションおよびアイデア	
アイデア発想		

シート4

<table>
<tr><td>解決策</td><td colspan="5"></td></tr>
<tr><td rowspan="5">価値確認</td><td rowspan="2">キー・ファンクション</td><td colspan="2">解決前</td><td colspan="2">解決後</td></tr>
<tr><td>イン</td><td>アウト</td><td>イン</td><td>アウト</td></tr>
<tr><td></td><td></td><td></td><td></td><td></td></tr>
<tr><td>合計</td><td></td><td></td><td></td><td></td></tr>
<tr><td>価値＝アウト/イン</td><td colspan="2"></td><td colspan="2"></td></tr>
</table>

シート5

<table>
<tr><td>解決策</td><td colspan="5"></td></tr>
<tr><td rowspan="5">価値確認</td><td rowspan="2">キー・ファンクション</td><td colspan="2">解決前</td><td colspan="2">解決後</td></tr>
<tr><td>イン</td><td>アウト</td><td>イン</td><td>アウト</td></tr>
<tr><td></td><td></td><td></td><td></td><td></td></tr>
<tr><td>合計</td><td></td><td></td><td></td><td></td></tr>
<tr><td>価値＝アウト/イン</td><td colspan="2"></td><td colspan="2"></td></tr>
</table>

シート5

<table>
<tr><td>解決策</td><td colspan="5"></td></tr>
<tr><td rowspan="5">価値確認</td><td rowspan="2">キー・ファンクション</td><td colspan="2">解決前</td><td colspan="2">解決後</td></tr>
<tr><td>イン</td><td>アウト</td><td>イン</td><td>アウト</td></tr>
<tr><td></td><td></td><td></td><td></td><td></td></tr>
<tr><td>合計</td><td></td><td></td><td></td><td></td></tr>
<tr><td>価値＝アウト/イン</td><td colspan="2"></td><td colspan="2"></td></tr>
</table>

シート5

<table>
<tr><td>解決策</td><td colspan="5"></td></tr>
<tr><td rowspan="5">価値確認</td><td rowspan="2">キー・ファンクション</td><td colspan="2">解決前</td><td colspan="2">解決後</td></tr>
<tr><td>イン</td><td>アウト</td><td>イン</td><td>アウト</td></tr>
<tr><td></td><td></td><td></td><td></td><td></td></tr>
<tr><td>合計</td><td></td><td></td><td></td><td></td></tr>
<tr><td>価値＝アウト/イン</td><td colspan="2"></td><td colspan="2"></td></tr>
</table>

シート5

携書版あとがき

本書は、「ファンクショナル・アプローチ」を扱った初めての一般ガイドとして2008年に出版されたものです。

ファンクショナル・アプローチは、もともと1947年にGE社で誕生したテクニックでありますが、私はそれをあらゆる業界、すべてのビジネスパーソンに使えるように改良と改善を繰り返してきました。

当時はまだ、ファンクショナル・アプローチという名称も一般的に定着していませんでした。正直なところ、どれほどの方に読んでいただけるのか、果たして本当に役立てていただけるのかといった思いもありました。

しかし、それ以上に使命感というか、根拠のない自信というか、突き動かす何かの力を受けて、一気に書き上げ、出版に至ったことを思い出します。初出版のあのときからちょうど10年が経ち、こうして今あらためて振り返ると、執筆してよかったと感じるばかりです。
この10年間、いくどとなく版を重ね、問題解決に取り組もうとする数多くの方々にお読みいただきました。この新版化により、さらなる読者に届けられるようになりましたこと、改めまして心より感謝申し上げます。

2008年の出版後、すぐに実感したのは、読者からの反応でした。これまでの問題解決にはなかった新たなアプローチとして認識され、受け入れられたのだと安堵したことを覚えています。そして、数々のメディアにも取り上げていただきました。とりわけ、情熱大陸（2010年3月7日放映、毎日放送）で取り上げられたことは大きかったです。
いまでは、「ファンクショナル・アプローチ研究所」を立ち上げ、民間企業向けに経営改革や新事業開発のツールとして、個人向けに業務改善やスキルアップの武器として活用していただいています。「企業理念以外、すべてを改善する」と言っていただいたり、「生涯使えるテクニックを手に入れた」という感想をいただいたりしています。

そのベースとなっているのが本書の内容です。通常のアプローチでは問題が解決できない理由、ファンクショナル・アプローチの原理、実践的な手法の解説などを網羅し、ガイドあるいは教科書として、常に手元においておけるようにまとめております。

新版化にあたり、内容の手直しが必要かと読み返しましたが、その鮮度は今の時代にも通用でき、修正も追加も必要ないと判断しました。時代に左右されず、業界を問わず、あらゆるシーンでの先入観や固定観念を取りのぞく思考システムとして、全てのビジネスパーソンに携えていただくことを願っています。

とりわけ、本書にもあります「誰のため？何のため？」は、ファンクショナル・アプローチの極めて特徴的なフレーズです。是非、この問いかけを日常的にお使いください。そうすれば、きっと思考を未来に向かわせ、本質を気づかせ、目的思考に導いてくれることでしょう。

冒頭に紹介した『星の王子さま』は、カタチばかりを追いかけ、本質を見失った大人へのメッセージを、子どもの目線で書いたものだと思っています。特に次の文章は、同書で外すことのできないところです。

「さっきの秘密を言おうかね。なに、なんでもないことだよ。心で見なくちゃ、ものごとはよく見えないってことさ。かんじんなことは、目に見えないんだよ」

「かんじんなことは、目に見えない」と、王子さまは忘れないようにくりかえしました。

このフレーズこそが、ファンクショナル・アプローチの考え方と一致するのです。モノやコトには意味があり、目的があり存在している。それこそが最も大切なものであり、見失ってはいけないことなのだということです。それが、ファンクションです。

私は、30年後の子どもたちのため、輝く未来を遺すため、これからもファンクショナル・アプローチを研究し、伝え、拡散していきたいと思います。

２０１８年2月27日

横田尚哉

※　横田尚哉への連絡、公式サイト、メルマガ　https://www.fa-ken.jp

参考・引用文献

＊アントワーヌ・ド・サンテグジュペリ『星の王子さま』(岩波書店、1962)
＊ソフト検索サイト「ベクター(Vector)」http://ww.vector.co.jp/
＊サム・ウォルター・フォス『子牛の足跡(The Calf-Path)』
＊細谷功『地頭力を鍛える』(東洋経済新報社、2007)
＊小宮一慶『ビジネスマンのための「発見力」養成講座』(ディスカヴァー・トゥエンティワン、2007)
＊澤口学『VEとTRIZ』(同友館、2002)
＊土屋裕『新・VEの基本』(産能大学出版部、1998)
＊ジェリー・メイヤー&ジョン・P・ホームズ『アインシュタイン150の言葉』(ディスカヴァー・トゥエンティワン、1997)
＊フリー百科事典「ウィキペディア(Wikipedia)」http://ja.wikipedia.org/

＊新村出『広辞苑　第五版』（岩波新書、１９９８）
＊ロバート・キヨサキ&シャロン・レクター『金持ち父さん　貧乏父さん』（筑摩書房、２０００）
＊ジェームズ・スベンソン『扉の法則』（ディスカヴァー・トゥエンティワン、２００８）
＊渋谷昌三・小野寺敦子『手にとるように心理学がわかる本』（かんき出版、２００６）
＊ＴＶアニメ『一休さん』（日本教育テレビ、現テレビ朝日、１９７５）
＊ＶＥ総合講座『アイデア発想の基本と実践』（日立キャピタル株式会社）
＊中野明『今日から即使えるビジネス発想術５０』（朝日新聞社、２００７）
＊樋口健夫『「金のアイデア」を生む方法』（成美堂出版、２００７）
＊Charles W. Bytheway『FAST Creativity & Innovation』（J.ROSS'２００７）
＊J Jerry Kaufman『VALUE ENGINEERING FOR THE PRACTITIONER』（N.C.S.U'１９８５）
＊ローレンス・D・マイルズ・バリュー財団サイト　http://www.valuefoundation.org/
＊Lawrence D. Miles『TECHNIQUES OF VALUE ANALYSIS AND ENGINEERING』（マグローヒル、１９８９）

ディスカヴァー
携書
196

「誰のため？」「何のため？」から考えよう
GE流・問題解決の技術
「ファンクショナル・アプローチ」のすすめ

発行日　2018年3月25日　第1刷

Author　横田尚哉

Book Designer　遠藤陽一（DESIGN WORKSHOP JIN Inc.）

Publication　株式会社ディスカヴァー・トゥエンティワン
〒102-0093　東京都千代田区平河町2-16-1 平河町森タワー11F
TEL　03-3237-8321（代表）
FAX　03-3237-8323
http://www.d21.co.jp

Publisher　干場弓子
Editor　千葉正幸

Marketing Group
Staff　小田孝文　井筒浩　千葉潤子　飯田智樹　佐藤昌幸　谷口奈緒美　古矢薫
蛯原昇　安永智洋　鍋田匠伴　榊原僚　佐竹祐哉　廣内悠理　梅本翔太
田中姫菜　橋本莉奈　川島理　庄司知世　谷中卓

Productive Group
Staff　藤田浩芳　原典宏　林秀樹　三谷祐一　大山聡子　大竹朝子　堀部直人
林拓馬　塔下太朗　松石悠　木下智尋　渡辺基志

E-Business Group
Staff　松原史与志　中澤泰宏　西川なつか　伊東佑真　牧野類

Global & Public Relations Group
Staff　郭迪　田中亜紀　杉田彰子　倉田華　李瑋玲　連苑如

Operation Group
Staff　山中麻吏　小関勝則　奥田千晶　小田木もも　池田望　福永友紀

Assistant Staff　俵敬子　町田加奈子　丸山香織　小林里美　井澤徳子　藤井多穂子
藤井かおり　葛目美枝子　伊藤香　常徳すみ　鈴木洋子　内山典子
石橋佐知子　伊藤由美　小川弘代　越野志絵良　小木曽礼丈　畑野衣見

DTP　アーティザンカンパニー株式会社
Printing　共同印刷株式会社

ISBN978-4-7993-2248-2

携書ロゴ：長坂勇司
携書フォーマット：石間　淳